# Rompe las Máscaras

## 4 Semanas para Activar tu Identidad

EDMUNDO GUILLÉN

## Rompe las Máscaras

Publicado por Editorial DIV
5ta calle "A" 31-64 zona 4 de Mixco
www.cumblediv.org
editorialdiv@lluviasdegracia.org

Todos los derechos reservados
Primera Edición 2013

Ninguna porción de este libro podrá ser reproducida,almacenada
en algún sistema de recuperación, o transmitida en cualquier
forma o por cualquier medio --mecánicos, fotocopias, grabación u otro --
excepto por citas breves en revistas impresas, sin la autorización
previa por escrito de la editorial.

ISBN: 978-1489529428

Créditos

Revisión y Edición
Edmundo Madrid
Edgar Hernández
Carlos Edmundo Guillén

Diseño de Portada
Génesis Publicidad

Diseño de Interiores
INDUGRAFICA

Impresión
INDUGRAFICA
indugrafica@gmail.com

Impreso en la Ciudad de Guatemala, C. A.

Impreso para Estados Unidos, Europa y Australia por Editorial DIV

Distribucion Electrónica para Kindle por Editorial DIV

# Dedicatoria

A Dios
por amarme y darme identidad de hijo,
y permitirme llamarle mi Padre.
A Berlín mi esposa amada,
a mis tres hijos Viena, Diego y Ana Valeska
con los que disfruto el presente, anhelo el futuro y me
ilusiona saber que este libro bendecirá sus vidas.
A los pastores, líderes y miembros de Lluvias de
Gracia Sede que han tenido una actitud dócil ante los
principios bíblicos que Dios ha puesto en mi corazón y
prédica.
A los pastores y líderes que han asistido a las Cumbres
DIV en las naciones
de Latinoamérica y Europa.

# Índice

## Semana 1
## La Obra Maestra, Identidad de Humano

## Semana 2
## El Príncipe, Identidad de Hijo

## Semana 3
## El Socio, Identidad de Líder

## Semana 4
## El Redimido, Identidad de Libre

# Reconocimientos

A Berlin Madrid
por las horas de horas dedicadas a
aportar principios bíblicos,
intelectuales y su indispensable
inyección anímica.
A Estuardo y Ada Muñoz
por sus aportes de investigación.
A Carlos Guillén, Edmundo Madrid
y Edgar Hernández por la revisión del libro.
A Gabriel González
por su excelente colaboración
y paciencia en la diagramación del libro.
A los miembros de la
Iglesia Evangélica Lluvias de Gracia Sede
por abrazar la visión de excelencia integral, crecimiento
sostenido y alcance mundial que Dios ha puesto en el
equipo pastoral.

# Día 1

## INTRODUCCIÓN

**REIR LLORANDO**

Una vez ante un médico famoso,
llegose un hombre de mirar sombrío:
-Sufro -le dijo- un mal tan espantoso
como esta palidez del rostro mío.
Nada me causa encanto ni atractivo;
no me importan mi nombre ni mi suerte;
en un eterno spleen muriendo vivo,
y es mi única pasión la de la muerte.

-Viajad y os distraeréis. -Tanto he viajado
-Las lecturas buscad -Tanto he leído-
Que os ame una mujer - ¡Si soy amado!
-Un título adquirid -Noble he nacido.

¿Pobre seréis quizás? -Tengo riquezas
- ¿De lisonjas gustáis ? - ¡Tantas escucho!
-¿Que tenéis de familia?...-Mis tristezas
-¿Vais a los cementerios?... -Mucho, mucho.

¿De vuestra vida actual tenéis testigos?
- Sí, mas no dejo que me impongan yugos;
yo les llamo a los muertos mis amigos;
y les llamo a los vivos mis verdugos.
-Me deja- agrega el médico -perplejo
vuestro mal, y no debo acobardaros;
Tomad hoy por receta este consejo:
sólo viendo a Garrick podéis curaros.

-¿A Garrick ? -Sí, a Garrick...La más remisa
y austera sociedad lo busca ansiosa;
todo aquel que lo ve muere de risa;
¡tiene una gracia artística asombrosa!

-Y a mí me hará reír?-Ah, sí, os lo juro!;

9

él, sí, nada más él...Mas qué os inquieta?...
-Así -dijo el enfermo -no me curo:
¡Yo soy Garrick ! Cambiadme la receta.

Secciones del poema inspirado en el payaso Garrick
Autor: Juan de Dios Peza

El poema del payaso Garrick ilustra como los seres humanos por diferentes razones usan máscaras, las cuales son distorsiones de la identidad, de la esencia del ser. Al usarlas constante y repetidas veces, no importando la edad, el género, la posición social y la cultura, siempre terminarán afectando y carcomiendo las emociones de las personas.

Por lo menos hay dos razones por las cuales los seres humanos usamos máscaras:

**Cuando no conocemos nuestra identidad:** Cuando no sabemos quienes somos, por no conocer a Dios o por desconocer su Palabra, la Biblia.

**Cuando no actuamos según nuestra identidad**: Cuando por miedo o por orgullo no hacemos lo correcto y tratamos de ser alguien que no somos.

El apóstol Pablo sabía quien era; él escribe: "*Pero por la gracia de Dios soy lo que soy y su gracia no ha sido en vano para conmigo, antes he trabajado más que todos ellos; pero no yo, sino la gracia de Dios conmigo" (1 Corintios 15:10)* De este fragmento aprendemos algunos principios: Primero, atribuye su identidad, es decir, quien es él, a Dios. Segundo, que todo su actuar, comportar y trabajar es la consecuencia de su identidad. Esta manera de ver y experimentar la vida es liberadora ya que no hay un afán desgastante tratando de "hacer" cosas para "ser" o convertirse en "alguien". Esta es la visión de Dios y de la Biblia para cada ser humano.

La sociedad siempre nos ha presionado brutalmente para que "hagamos" y "tengamos" y hasta entonces, "seamos" alguien importante. Es indispensable conocer el orden de estos

10

tres verbos.

VISION ERRONEA Y ESCLAVIZANTE DE LA SOCIEDAD:
**HACER + TENER = SER**

VISION VERDADERA Y LIBERTADORA DE LA BIBLIA:
**SER = HACER + TENER**

En otras palabras, existe la persona que está afanada, esforzándose para "hacer" y queriendo "tener" para algún día, llegar a "ser" alguien importante y reconocida. Este estilo de vida la obligará a usar máscaras, a distorsionar su identidad. Por otro lado, la persona que comprende, acepta y disfruta quien es, y como consecuencia, de una manera saludable hace y tiene según su identidad en Dios.

Debemos reconocer que hay momentos extremos donde la "presión brutal" de la sociedad o circunstancias nos tientan para ponernos máscaras. Esto le sucedió a Pablo, cuando sus detractores estaban cuestionando su identidad de ministro y de apóstol. El no soportó la tentación y dijo: *"Lo que hablo, no lo hablo según el Señor, sino como en locura, con esta confianza de gloriarme. 18. Puesto que muchos se glorían según la carne, también yo me gloriaré; 23. ¿Son ministros de Cristo? (Como si estuviera loco hablo.) Yo más; en trabajos más abundante; en azotes sin número..."* (etc. una lista de 26 acciones) *(2 Corintios 11: 17-28*) Es decir, cedió a la tentación y se puso la máscara, tratando de demostrar a las personas cual era su identidad por medio de todo lo que él había hecho. La irritación, la envidia, el temor y el celo podrían ser algunas evidencias de ponerse máscaras.

## Los resultados de usar máscaras

- **Fracaso:** Siempre que tratas de ser quien no eres, aunque obtengas buenos resultados, tendrás un sentimiento de fracaso puesto que estarás haciendo algo para lo que no fuiste configurado.
- **Desgaste emocional**: Te desgastas emocionalmente al ser siempre la imitación, pues al imitar solo puedes aspirar a ser el número dos.

- **Una vida esclavizante**: Al procurar agradar y encontrar tu valía en las personas te haces esclavo de ellas. No tienes el horizonte libre para ver posibilidades. Ser alguien que no eres es "llevar una máscara permanente".

Debes saber que constantemente estarás siendo presionado brutalmente por el diablo, las personas y las situaciones: familia, trabajo, deporte y estudio, diciéndote si "eres verdadero" hombre o mujer, padre o madre, hijo o hija, ministro o ministra, atleta, profesional, predicador, empresario, líder, etc., demuéstralo. El mismo Jesús sintió la brutal presión: *"El diablo se acercó entonces a Jesús para ponerlo a prueba, y le dijo: –Si de veras <u>eres</u> Hijo de Dios, ordena que estas piedras se conviertan en panes." Mateo 4:3 DHH*

Tú eres único en toda la creación, posees una mezcla de habilidades. Eres especial, eres poco común. No eres insignificante, eres valioso y precioso. Dios te ama tal como eres, pero Él te ama tanto que no te dejará seguir así. Solo a Él debes mostrar quien eres y aunque debes respetar a quienes te rodean, sin embargo, no tienes que desgastarte y estresarte demostrando nada a nadie.

## Herramientas poderosas para romper las máscaras

- Conoce y activa tu ORIGEN: Fuiste creado por Dios, eres **"la obra maestra de Dios"** y no producto de la evolución. No eres un animal.
- Conoce y activa tu FILIACION: Eres hijo de Dios, eres **¡príncipe y princesa!** porque eres hijo de un Rey. No eres un bastardo.
- Conoce y activa tu ASIGNACION: Dios te hizo su socio, eres **¡líder!** No eres un tirano.
- Conoce y activa tu DESTINO: Dios te libró de la condenación eterna, eres un **¡redimido!** No eres un esclavo del pecado.

Solo el Espíritu Santo iluminándote en su Palabra, la Biblia, a través de leerla, estudiarla, comprenderla y practicarla podrás descubrir y activar tu verdadera identidad en Dios. Él te hará ver lo valioso, digno y capaz que eres.

Leeremos este libro por 4 semanas, una semana por cada identidad: humano (obra maestra), hijo (príncipe), líder (socio) y libre (redimido). Es decir, haremos un viaje, por veintiocho días, hay un capítulo para cada día, para estudiar las páginas de esta obra, con la convicción que Dios te ayudará a experimentar una vida libre y plena en un estado de satisfacción y te sentirás firmemente motivado a realizar las hazañas para las que fuiste creado. Dios activará tu identidad dándote la capacidad de conocer tus privilegios, responsabilidades y grandes posibilidades en la vida.

## Identidad en Acción

1. Haz esta oración: "Gracias mi Padre, por haberme creado, hacerme tu hijo, darme liderazgo y haberme librado de la muerte eterna. Hoy entiendo que le daré más importancia a lo que soy por encima de lo que hago y tengo. Permíteme que durante estas cuatros semanas, veintiocho días, pueda leer este libro y que me ayude a fortalecer y activar mi identidad en ti. Perdóname porque he querido complacer y hacer lo que todo el mundo quiere que haga y tu opinión no ha sido la más importante en mi vida. Por eso, hoy decido vivir para agradarte y obedecerte. Recibo en ti la sabiduría, la gracia y el poder para poder quitarme y romper toda máscara que no te agrada y que destruye mi vida y la de los que me rodean. Te amo Jesús. Amén".

2. Pregúntate: ¿Cuáles son las máscaras que consideras que has estado portando?

3. Enumera tres consecuencias que has arrastrado como producto de portar máscaras en tu vida.

4. Decide que hoy principiarás a leer la Biblia para fortalecer y activar tu identidad.

# LA OBRA MAESTRA

"Todo lo creado por Dios es artístico,
lo mayor de ello y por mucho, es
el ser humano, su obra maestra" E. Guillén

*"Le has hecho poco menor que los ángeles, Y lo coronaste
de gloria y de honra." Salmos 8:5*

Según Dios, como parte de tu identidad, eres un ser viviente, creado por Él, tu identidad de ser humano trae fascinantes y grandes implicaciones: 1.Eres un ser extraordinariamente maravilloso, con un solo género 2.Masculino ó 3.Femenino, pero 4.Frágil y temporal, con la increíble capacidad y necesidad de 5.Relacionarte con tus semejantes,  sin embargo con 6.Tendencia a lo malo pero con esperanza de restauración.

Al comprender  y actuar de acuerdo a estas marcas

de identidad vivirás plenamente lleno de satisfacción y realización.

# ADMIRA LA MARAVILLA DEL SER HUMANO

Los científicos en 1994  principiaron a construir una máquina que  llamaron "Máquina de Dios" es  el invento científico más grande del mundo, principió a construirse en 1994 debajo del suelo fronterizo entre Suiza y Francia, con un diámetro de 27 Km. con un costo de 6,200 millones de Euros, con participación de 10,000 científicos de 500 universidades del mundo, en el 2012 la cerraron para hacerle mejoras con planes de reabrirlo en el 2014. Según ellos, uno de sus objetivos era: descubrir cómo era la materia durante los primeros segundos que siguieron al Big Bang (gran explosión que supuestamente dio inicio al universo), todavía no lo han logrado. Este invento solo demuestra que, la verdadera máquina u obra maestra de Dios es el ser humano por su inteligencia al construir ese increíble aparato.

Nos asombramos de la inteligencia extraordinaria del ser humano al observar y disfrutar  del uso de algún artefacto electromecánico o electrónico, como el avión, el automóvil, las computadoras en las ciencias médicas, los teléfonos celulares, etc. y se nos hace absurdo concebir, por ejemplo: que un automóvil con un funcionamiento de alta tecnología, elegancia y belleza haya sido producido por una explosión de la nada, sin la intervención de un ser inteligente como el hombre.

Ahora bien, al estudiar al ser humano y analizar cada órgano del cuerpo y observar el funcionamiento tan perfecto y coordinado  de cada una de sus partes; por ejemplo, al comprender el órgano más complejo, el cerebro, con 30 mil millones de neuronas. Cada neurona tiene 100.000.000.000.000.000 conexiones, más que el número de estrellas de nuestra galaxia y cuando memorizamos muchas cosas en un día, nuestro cerebro amplía la memoria unas quince veces más y así sucesivamente, resulta imposible creer que somos el resultado del Bing Bang, más bien, llegamos a la conclusión que un Ser Superior y más inteligente que nosotros nos creó.

La Biblia señala, según *Génesis 1:26,27* que fue Dios, el creador de la raza humana. El hombre y la mujer, no solo, no son el resultado de la explosión atómica, sino la creación superior, la obra maestra de Dios.

Las diferentes, extremas y equivocadas corrientes de pensamientos humanos ponen por un lado al hombre como una lacra, reduciéndolo a menos que un animal y por el otro extremo, endiosándolo, queriéndolo convertir en un "dios". La perspectiva bíblica, por un lado mostrando lo magnífico del ser humano y por otro no ocultando su degradación moral, no obstante sigue siendo la creación extraordinaria de Dios.

## La visión fatalista sobre la humanidad

Con una visión muy negativa del ser humano y de su historia, algunas filosofías minimizan a la criatura humana, señalando únicamente su maldad, destrucción y aberraciones, sin dejar espacio a valorar sus virtudes y cualidades extraordinarias.

El mensaje que dan nos deja abrumados, deprimidos y sin esperanza, con la sensación que valemos lo mismo que un animal.

## La visión irrealista sobre la humanidad

Al contrario del pensamiento anterior, algunos

intelectuales utópicos abusan de optimismo al observar la evolución de la ciencia y de los grandes inventos humanos suprimiendo la existencia de Dios, terminando en la enfermiza y dañina idea que el hombre es "dios".

## La visión bíblica sobre la humanidad

Las Escrituras, aunque señalan el pecado y las consecuencias trágicas de este, no obstante muestran la esencia del ser humano como portador de la imagen y semejanza de Dios. *Génesis 1:26* dice: "Entonces dijo Dios: Hagamos al hombre a nuestra imagen, conforme a nuestra semejanza;..." Es decir, el ser humano fue formado por Dios y además es superior a todo lo creado por ser portador de lo invisible de Dios.

Esa parte inmaterial, la belleza y grandeza de Dios, el alma, el espíritu, la razón, el entendimiento, la capacidad de conocer y comunicarse con Dios, los sentimientos, la conciencia moral hacen al humano extraordinariamente maravilloso.

Quiero animarte a que te valores por lo que eres, un ser humano, portador de la imagen y semejanza de Dios. No necesitas hacer nada para ser humano, así naciste, no te subestimes y desprecies.

Las Escrituras, como dijimos es nuestra más grande fuente, para entender quien es el ser humano, cual es su identidad y que es capaz de realizar. La Biblia versión Dios Habla Hoy hace una bella traducción del *Salmo 8:4-9 DHH* *"4. Pienso: ¿Qué es el hombre? ¿Qué es el ser humano? ¿Por qué lo recuerdas y te preocupas por él? 5. Pues lo hiciste casi como un dios, lo rodeaste de honor y dignidad, 6. le diste autoridad sobre tus obras, lo pusiste por encima de todo: 7. sobre las ovejas y los bueyes, sobre los animales salvajes, 8. sobre las aves que vuelan por el cielo, sobre los peces que viven en el mar, ¡sobre todo lo que hay en el mar!"*.

Estos párrafos proporcionan el pensamiento de Dios sobre el hombre brindando una imagen de la calidad humana. Principalmente la primera oración del versículo 5, usa la expresión "casi como un dios" otras versiones dicen "poco menor que los ángeles" (nota que "dios" está en minúscula) para resaltar la supremacía del hombre sobre todo lo creado, animales: aves y peces. Además enfatizando que está coronado con gloria y honra. En otras palabras el ser humano, el hombre y la mujer somos la extraordinaria "obra maestra de Dios".

## Características de la máscara del auto menosprecio

- Creer que se es producto del "gran estallido" que dio origen a la evolución del universo.
- Menospreciarse pensando que tienes el mismo valor que un animal, un gusano, una vaca, un mono, etc.
- Pensar que no hay nada especial en la raza humana, que toda la historia desde el principio hasta el final es destrucción.
- Sentirse deprimido y sin esperanza ante la depravación humana.

## Rompe la máscara del auto menosprecio

- Mírate como Dios te ve, "Su obra maestra".
- Aprecia que tu espíritu se puede comunicar y conectar con Dios.
- Agradece ser una criatura superior a la naturaleza animal y vegetal.
- Agradece que llevas la imagen y semejanza de Dios.
- Agradece que eres un ser inteligente creado por un Ser más inteligente, Dios.

## Identidad en acción

Puesto que eres humano, hoy:

1. Haz esta oración: "Gracias Dios por haberme creado a tu imagen y semejanza, porque puedo sentirte y conocerte. También te agradezco por haberme dotado de dones y cualidades superiores a la de los otros seres creados, ayúdame a usar estos talentos para el bien de mis semejantes. Perdóname si me he menospreciado sintiéndome un tonto y si en algún momento me he dicho animal o algo parecido. También te pido perdón si en algún momento adoré a un astro, o figura de animal, ave, pez o reptil. Gracias porque soy portador de tu grandeza y belleza. Amén".

2. Anímate a realizar cosas que parecen imposibles.

3. Adora solo a Dios. No veneres ni adores a ninguna imagen de animal, vegetal o cosa creada.

4. Piensa y habla de ti como sabio, inteligente, digno y honorable. No te menosprecies diciéndote tonto o animal.

# VALORA LA MASCULINIDAD

"La masculinidad
es el don divino concedido al hombre,
que no lo hace superior
a la mujer aunque si diferente" E. Guillén

*"1. David ya estaba próximo a morir, así que le dio estas instrucciones a su hijo Salomón: 2. "Según el destino que a todos nos espera, pronto partiré de este mundo. ¡Cobra ánimo y pórtate como hombre! " 2 Reyes 2:1-2*

El Batallón Sagrado de Tebas, era un escuadrón especial de la antigua Grecia de 150 parejas de soldados homosexuales que mantenían relaciones amorosas, con el propósito de estimular su espíritu combativo. (1) Esta circunstancia desvirtúa el propósito y el honor masculino que Dios incrustó en el corazón del hombre.

Vemos claramente que Dios en la creación del ser humano, solamente formó dos géneros: varón y mujer.

Ish e Isha, vocablos hebreos que implican masculinidad y feminidad. Cada uno con diferentes características físicas, emocionales y psíquicas, aunque ambos con la misma imagen y semejanza de Dios. *Génesis 1:27*

Una de las características primarias para diferenciar el género entre ambos es el órgano reproductor. Aunque reconocemos que, hay aspectos físicos del género masculino que generalmente son muy diferentes a los de las mujeres, no obstante son secundarios porque no siempre se cumplen, por ejemplo: el tono de voz, la altura, la corpulencia, los bellos en el rostro (bigote y barba), etc.

Si el hombre desde que es niño y luego jovencito nota estas características secundarias, debe sentirse honrado y agradecido con Dios por el género sexual masculino que le ha dado. Sin embargo, el hombre no debe medir su masculinidad por estos aspectos: por la cantidad y el espesor de bellos en la piel, principalmente en el rostro y en el pecho, tampoco por la altura y el volumen de los músculos.

El cuerpo físico de David antes de ser rey y vencer al gigante fue menospreciado por Goliat quien lo juzgó por su aspecto de joven y poco guerrero, según 1 Samuel 17 no era corpulento ya que no podía sobrellevar el uniforme de soldado. Pero nota que David no se sentía debilitado en su masculinidad al contrario corre a la línea de batalla ofreciendo al gigantón que lo haría pedazos y efectivamente lo venció.

Hay que observar que términos como hombre, varón y masculino no solo implican el género sexual sino roles y acciones particulares.

Por ejemplo para los romanos una acción o

responsabilidad de un varón era sostener su hogar de allí que la palabra «varón» en castellano deriva del latín "vir" que se traduce literalmente «viga»: «la viga que sostiene la casa».

Los deseos y acciones de un varón proceden de su identidad, es decir al saberse hombre debe comportarse como tal. Si eres hombre, no debes hacer nada para convertirte en varón, desde tu nacimiento ya lo eras. Sin embargo, Dios ha dejado pautas en su manual, la Biblia, para entender que hacer con tus deseos varoniles y como comportarte en la vida. Como hombre, no necesitas pelearte con cualquiera en la calle para demostrar que eres "puro" hombre, ni tampoco practicar un vicio, ni arriesgar tu vida temerariamente, ni acostarte con otra u otras mujeres que no sean tu esposa.

Inferimos claramente que desde el primer hombre, Adán, estuvo el deseo y atracción física, biológica y sexual por una mujer, Eva. Así que, desde la creación Dios establece que las relaciones sexuales deben desarrollarse entre un hombre y una mujer, teniendo la validez en el matrimonio. El primer libro de la Biblia muestra que el hombre dejará a sus padres y se unirá a una mujer.

Adán actuó según su identidad como varón y tuvo intimidad con una mujer, Eva. *(Génesis 4:1)* y así nació su primer hijo. Hay que comprender que el acto entre un hombre y una mujer no solo es para procrear, ya que en los dos testamentos, Antiguo y Nuevo, Dios severamente juzga y califica como pecado la actividad sexual entre dos hombres. Tan drástico es este tema  en la Biblia que en el antiguo testamento se castigaba con pena de muerte. *Levítico  20:13 DHH "Si alguien se acuesta con un hombre como si se acostara con una mujer, se condenará a muerte a los dos y serán responsables de su propia muerte, pues cometieron un acto infame."* Pablo también señala el mismo principio en el Nuevo Testamento *Romanos 1:27 DHH.*

*Génesis 19* refiere que Dios ejecutó uno de los castigos comunitarios más trágicos al destruir la ciudad de Sodoma por su maldad y cúmulo de pecados, sobresaliendo la homosexualidad. Desde esta historia se refiere a los hombres que han caído en esta práctica como sodomitas. Pablo calificó y usó el mismo término en la carta dirigida a su pupilo Timoteo en una lista de actos infames. *(1 Timoteo 1:10)*

El hombre al no proceder según su identidad de varón usa máscaras que lo alejan de su esencia y de Dios, produciendo en su vida insatisfacción y frustración.

- **La máscara del homosexualismo:** Es la interacción o atracción sexual, afectiva y sentimental hacia individuos del mismo género, de un hombre con otro hombre, en la antigua Grecia se practicaba la pederastia, la relación entre hombres adultos con hombres jóvenes.
- **La máscara del travestismo:** Básicamente es usar vestimenta del género opuesto para ser reconocido y sentirse de ese género. Cuando el hombre se viste como mujer para sentirse y ser reconocido como mujer. De allí que esta máscara tiene que ver más con la sensación y el reconocimiento que la ropa en si. Los artistas y principalmente los actores juegan con fuego cuando toman papeles de personajes del género opuesto y se visten como tales. En *Deuteronomio* Dios expresa su rechazo a esta práctica *(22:5) NVI "...ni el hombre se pondrá ropa de mujer, porque el Señor tu Dios detesta a cualquiera que hace tal cosa.*

- **La máscara del Afeminamiento**: Son los patrones de comportamiento y características de modales femeninos empleados por hombres. Expresiones corporales, ademanes y utilizaciones de las manos características de las mujeres e imitadas por los hombres. Pablo desaprueba esta práctica señalándola en *1 Corintios 6:9 "... No se dejen engañar, pues en el reino de Dios no tendrán parte ... los afeminados, ni los homosexuales, ..."*
- **La máscara del Machismo**: Esta es otra distorsión de la identidad masculina, es la actitud de prepotencia de parte de los varones respecto a las mujeres. El hombre quiere demostrar su hombría denigrando, abusando, humillando y golpeando a la mujer. Esta práctica también es desaprobada por Dios. *(1 Pedro 3:7 NVI; 1 Timoteo 5:2)*

Valorar la hombría no implica creerse superior a la mujer, Dios hizo a la mujer idónea para el hombre, lo que significa que es su complemento e igualdad. El hombre no es más ni menos que la mujer, tiene diferentes roles y aspectos físicos, sin embargo ambos son iguales por ser portadores de la imagen y semejanza de Dios.
Sin lugar a equivocaciones: ¡la masculinidad, nace no se hace, Dios la otorga al hombre desde su creación!

## Valida y celebra la masculinidad de tu hijo

- Señálale sus rasgos masculinos.
- Felicítale cuando tenga actitudes masculinas.
- No te burles cuando su timbre de voz sea agudo.
- No lo compares con otros niños.
- Cómprale ropa masculina.

Está claro que se nace masculino y no se hace, aún así,

tú debes manifestar masculinidad como una expresión de identidad masculina.

## Fortalece tu masculinidad

- Usa ropa varonil.
- Enamora a una mujer.
- Cásate con una mujer.
- Practica la unión conyugal con una mujer.
- Aprecia el cuerpo de una mujer, tu esposa.

Una de las frases que expreso y que quebrantan mi corazón cuando predico o doy una conferencia sobre el amor de Cristo es: "Dios ama al homosexual pero aborrece el pecado del homosexualismo" y no por el hecho de aborrecer la práctica sino por la acción de amar al ser humano. Sin lugar a equivocarme, Dios ama plenamente al hombre que ha caído en esta práctica y desea libertarlo de esta esclavitud espiritual, mental, emocional y física, que accedió morir en el madero en sustitución de él.

Al ser Dios el creador del hombre y del género masculino sabe muy bien que el varón no llegará a tener plena satisfacción y realización en la vida, además no se sentirá bien consigo mismo hasta que proceda conforme a su identidad, de allí el deseo de restaurarlo en su masculinidad. Si has caído en esta práctica y te has puesto esta máscara, ahora mismo puedes romperla confesando, pidiendo perdón a Dios por tu pecado y apartándote de todo hombre, acción, y ambiente que te mantenga en esta situación.

David al final de sus días insistió a su hijo Salomón, no para que se convirtiera en hombre, sino, puesto que ya lo era, se comportara como tal.

## Identidad en acción

Puesto que eres creación de Dios:
Para hombres.

1.  Haz esta oración: "Dios gracias por haberme hecho hombre desde mi nacimiento, ayúdame a comportarme como varón, quiero pelear las batallas tuyas, por la verdad, paz, justicia y santidad, no permitas que llegue a los puños, aleja de mi la violencia. Buen padre perdona todo aquello que haya hecho, toda atracción y acción hacia la persona de mi mismo género o acto sexual con una mujer que no es mi esposa. Dios me siento honrado de ser varón y de ser tu hijo, gracias por haberme hecho así. Amén".

2.  Pelea las batallas de Dios por la verdad, por la justicia y por la defensa de tus hijos, principalmente de tus hijas, esposa, hermana y madre (no me refiero a puños y armas, sino a la actitud y el carácter de hablar y usar la ley).

3.  Revisa tu closet y tira las prendas que te hagan sentir del género opuesto.

4.  Detecta y rompe las amistades que te incitan o te hacen practicar el pecado del homosexualismo.

Identidad de humano

# VALORA LA FEMINIDAD

> "La mujer que únicamente
> hace alarde de su belleza física, está
> cegada de su belleza femenina" E.Guillén

*"Y Dios creó al ser humano a su imagen; lo creó a imagen de Dios. Hombre y mujer los creó," Génesis 1:27*

**M**iss Universo. Ocho mujeres de Estados Unidos de Norte América, seis de Venezuela y cinco de Puerto Rico encabezan la lista del certamen de Miss Universo, que pretende determinar quien es la mujer más bella de la tierra. Se quiera o no, de alguna manera este evento magnifica la virtud física sobre otros aspectos de la belleza femenina. La verdad es que toda mujer es bella en su feminidad integral. El hecho de ser mujer, creada a la imagen y semejanza de Dios, ¡la hace bella!

Apuntamos en el día anterior que Dios creó al ser humano e hizo solo dos géneros: masculino y femenino,

27

en ambos Dios cedió su imagen y semejanza, es decir puso aquella parte inmaterial: la razón, el entendimiento, la personalidad, la moralidad y la espiritualidad; además colocó en el centro de su ser o corazón algunos anhelos excepcionales, que toman relevancia en la relación entre ambos. Es decir, no solo el hombre es una obra maestra, también la mujer es la creación sobresaliente de Dios.

La mujer en el trascurrir del tiempo y en las diferentes culturas ha tenido que sobreponerse a ser subestimada y relegada a un segundo plano y a veces hasta la última plaza. Pero así no es la forma como la aprecia Dios, ella es valiosa e igual de digna y honorable que el hombre. Él decidió que la grandeza del varón fuera la capacidad de enamorar y amar a una dama y de poseer valentía, fuerza física y un espíritu combativo; así también, Dios tomó de lo Suyo y concedió a la mujer grandeza y maravilla en su belleza, finura, delicadez, creatividad y transformación.

Hemos destacado que física y biológicamente el hombre y la mujer son distintos. Desdichadamente la visión de la mayoría de las culturas solo mide la grandeza de ambos desde la perspectiva física, en la fuerza y productividad agrícola; sin embargo la belleza femenina no solo se reduce a los sentidos naturales sino a su interior, la capacidad dinámica de crear y transformar su entorno, esto implica que la belleza de la mujer no es estática, contemplativa y pasiva, que su sabiduría, inteligencia y gracia son fuerzas poderosas, audaces y acaudaladas.

Quizá, las damas son físicamente más frágiles que los hombres, además perciben y expresan sus sentimientos de formas diferentes, no obstante en su interior son tan fuertes, valientes e intrépidas como ellos. ¿Has visto alguna vez, a una madre defender y proteger a sus hijos de la adversidad y enardecerse por la injusticia? quizás sí, yo también he visto y conocido a varias, aunque mujeres y muy femeninas, no obstante poseen una fuerza interior extraordinaria.

La feminidad de la mujer implica una belleza integral, apreciada por Dios y admirada y necesitada por el hombre. Dios al expresarse de la esposa de Ezequiel emplea el término "deleite de tus ojos" para referirse al aprecio, valor y amor que Ezequiel tenía por ella.

Toda mujer debe sentirse honrada y agradecida con Dios por haber sido dotada de cuerpo y alma femenina.

Hay diferentes movimientos sociales y científicos en la actualidad que proponen principios y modelos que definen a la mujer, sin embargo, si estamos de acuerdo que la mujer fue creada por Dios, tenemos que ir a Él para comprender cual es la identidad, la esencia, el ser, el propósito y cuál debería ser el proceder de la mujer.

Toda mujer debe esperar su validación de Dios y no de los estándares de la sociedad expresada en medios masivos de comunicación: revistas, televisión y cine. Los modelos o estereotipos están causando trágicas consecuencias principalmente en las jóvenes porque la "belleza" es sinónimo de delgadez, dietas rigurosas y poco saludables, medicamentos contraindicados para la salud, prácticas excesivas de ejercicios y una obsesiva preocupación por el peso provocando afecciones físicas: anorexia y bulimia, esterilidad, anemia, deshidratación en la piel, entre otros; además afecciones emocionales: depresión, baja estima, estrés y desánimo.

## La mujer rompe sus máscaras y su falsa identidad cuando:

- Acepta sus atributos y roles femeninos. Acepta que es inteligente, bella, madre, compañera, etc.
- Vive agradecida con Dios por su feminidad. No reniega por ser mujer y frágil.
- Se siente honrada y orgullosa por su delicadeza física.
- Agrada a Dios no practicando el acto sexual ni manteniendo una relación amorosa con otra mujer. Huye de la homosexualidad femenina o lesbianismo.
- Disfruta su maternidad, ama a sus hijos desde el embarazo hasta el último adiós. No reniega por el cambio de su figura en la gestación.
- Se siente atraída en agradar a Dios viviendo para Sus propósitos.
- No cede a la brutal presión de comportarse y lucir como la exagerada publicidad sugiere o el cine proyecta. No exhibe en forma lasciva su cuerpo y tampoco daña su salud por prácticas anoréxicas.
- No actúa según la presión de grupo para demostrar que es femenina, no regala o vende su cuerpo antes o fuera del matrimonio.
- No actúa, ni viste como hombre para sentirse y ser tratada como tal. El principio no es que ropa usas, ni que estilo luces o como usas el pelo, sino la razón por lo que lo vistes o como luces. Ejemplo: el asunto a analizar no es si usa pantalón sino los motivos por los que se lo pone, a veces hay más pudor en el pantalón que en la falda o vestido.
- No oculta su belleza femenina tras el velo del descuido, el indecoro y desdén. Generalmente la religiosidad opaca el deseo puesto por Dios de mostrar belleza.

- Acepta su rol insustituible, la mujer es más importante en la vida de un hombre que lo que la mayoría se imagina, Dios mismo diseñó de tal forma al hombre (Adán) que, aún cuando tuviera comunión y amistad con Él no estaría completo hasta que conviviera, relacionara y amara a una mujer. (Eva). *Génesis 2:18.*
- Acepta que fue hecha para el hombre y que el hombre para ella y ambos para Dios. *1 Corintios 11:11,12  "Pero en el Señor, ni el varón es sin la mujer, ni la mujer sin el varón; 12. porque así como la mujer procede del varón, también el varón nace de la mujer; pero todo procede de Dios."*

La buena noticia es que tú puedes experimentar una vida plena cuando actúas de acuerdo a lo que eres, conforme a lo que Dios te diseñó: mujer y femenina.

## Afirma la feminidad de tu hija desde su niñez:

- Ora al oído de ella, dando gracias a Dios por tener una hija femenina.
- Exprésale sus cualidades femeninas.
- Apláude sus actitudes femeninas.
- Evita compararla con otras niñas.
- Vístele con ropa femenina.
- Evita burlarte de ella cuando su timbre de voz sea grave.

## Identidad en acción

Puesto que eres creación de Dios, hoy**:**
Para la mujer

1.  Haz esta oración: "Padre amado te doy gracias desde lo profundo de mi corazón por haberme hecho una mujer desde mi concepción, se que me ayudarás a vivir para ti según el propósito para que me creaste, aparto mi cuerpo para mi esposo y te pido perdón por pensamientos y actitudes que van contra la naturaleza femenina. Gracias por haberme hecho bella y femenina, te amo. Amén"

2.  Viste y luce lo que te haga sentir femenina.

3.  Pon radicalmente un alto a las circunstancias y personas que sientes que te incitan a perder tu feminidad y te provocan a pecar.

4.  Evita aislarte y ahogarte en tu debilidad, relaciónate con personas que te influyan positivamente y celebra tu feminidad.

5.  Si es necesario, hoy mismo haz una cita con una persona madura y espiritual  que te ayude de una forma especializada y profesional a ser libre.

Identidad de humano

# CUIDA TU FRAGILIDAD HUMANA

"El ser humano pasa
la primera mitad de su vida
arruinando la salud y la otra mitad
intentando restablecerla." Joseph Leonard

*Salmos 103:15,16 DHH "15. La vida del hombre
es como la hierba; brota como una flor silvestre:
16. tan pronto la azota el viento, deja de existir,
y nadie vuelve a saber de ella."*

Recientemente oí una conferencia que Bill Gates dictó ante un público selecto en el canal BBC. Estaba haciendo conciencia mundial sobre la necesidad de erradicar la poliomielitis en el planeta, y contando acerca de la fundación que ha creado para este fin. Al principio quedé sorprendido pensando que este ya era tema consumado, pues esa vacuna se descubrió el siglo pasado y logró borrar del mundo tan terrible mal. Sin embargo, continué escuchando la conferencia con atención y quedé perplejo cuando él contaba que hace algunas décadas,

33

en algunos países de Asia se difundió la idea de que la vacuna contra la polio hacía estériles a los niños, por lo tanto dejaron de ponérselas, y como consecuencia a las niñas también. Esto ha causado el brote y la propagación de la enfermedad nuevamente. Pero lo más curioso es que muchas comunidades actualmente siguen pensando así, hasta el punto de matar a voluntarios que llegan a tratar de vacunar gratuitamente a los niños. La enfermedad se ha difundido actualmente en varios países.

¡Cuál fue mi sorpresa al encontrar en mi país , en mi propia iglesia a un hombre cuya nieta tenía dos años sin recibir ninguna vacuna!, sorprendido le pregunté ¿cómo? ¿cómo? ¿esta niña no ha recibido ninguna vacuna a los dos años de vida? ¿por qué? Insistí, a lo cual respondió, "la niña es muy sana y cuando se les ponen vacunas se enferman uno o dos días, les da temperatura y se sienten mal, y quiero evitarlo"  a lo que repliqué ¡pero se va a contagiar de terribles enfermedades! ¡va a sufrir mucho! inmediatamente el hombre dijo "la cubro con la sangre de Cristo" le dije "aunque lo haga, Dios permite la medicina para nuestro bien".

La Biblia es muy sabia cuando dice que a causa de la falta de conocimiento el pueblo perece. La palabra de Dios tiene la característica de abrir nuestros ojos y darnos conocimiento para prevenir lo malo. *"Mi pueblo fue destruido, porque le faltó conocimiento. Por cuanto desechaste el conocimiento..." Oseas 4:6*

Cuidas tu cuerpo y tu salud al entender que eres humano, por lo tanto frágil y temporal.

## Razones por las cuales hay que cuidar el cuerpo

- Porque el cuerpo humano es frágil.
- Porque la vida se acorta sin cuidados preventivos.
- Porque el cuerpo tiende a envejecer muy rápido.
- Porque la falta de cuidado del cuerpo puede producir baja estima.
- Porque Dios espera del ser humano que sea buen mayordomo y cuide el cuerpo, que es templo del Espíritu Santo.
- Porque los padres o madres deben pensar en no dejar niños en la orfandad.

Probablemente eres joven y piensas que no hay que cuidar el cuerpo porque crees que no hay necesidad, pero al llegar a la adultez te darás cuenta que perdiste años valiosos de prevención.

## Formas para cuidar tu cuerpo

- Ten buenos hábitos alimenticios. Come balanceada y saludablemente y bebe suficiente agua al día, entre 6 a 8 vasos.
- Ten buenos hábitos de ejercicio corporal. Por lo menos, tres veces a la semana dedica media hora para hacer algún tipo de ejercicio.
- Duerme lo suficiente, dependiendo la edad podría variar de 6 a 8 horas por la noche.
- Ten cultura preventiva de la salud. Ir con un doctor periódicamente, tener seguro médico, etc. Los hombres y mujeres a partir de los cuarenta años deben hacerse exámenes específicos cada año, aunque no sientas ningún síntoma. Debes estar consciente de atender la menopausia (mujeres) y la andropausia (hombres)

35

- Procura hacer actividades que produzcan felicidad. Paseos, hobbies, deportes, manualidades etc.
- Modera las horas de trabajo.
- Trata de reír y mantener una felicidad interna.
- No visites hechiceros, eso demuestra ignorancia espiritual. Probablemente consigas una mejora momentánea pero abrirás puertas espirituales para que espíritus de enfermedad vengan a tu cuerpo y al final perderás tu alma.
- Evita los vicios. Las bebidas alcohólicas, los cigarrillos y drogas afectan, principalmente lo físico y algunas veces lo emocional y mental.

Tristemente, en los últimos años la tendencia, principalmente entre las mujeres más jovencitas, es hacer rigurosas dietas y realizar excesivamente ejercicio, no por salud, sino por imagen. No significa, que tener una buena apariencia esté mal, el problema es pensar que la imagen define la identidad. Es muy importante que recuerdes que tu valía radica en tu identidad de humano, eres la "obra maestra" de Dios y El te ama, tal cual eres. No importa si ya no eres joven o si estás enfermo, sigues siendo una persona valiosa para tu Padre celestial.

Por favor, cuida tu cuerpo y tu salud no para impresionar o ser aceptado por una cultura y sociedad que exige belleza artificial, fuerza perfecta y juventud fresca, sino en una visión serena, simplemente cuídate, porque tu cuerpo es templo del Espíritu Santo *(1 Corintios 6:19)* y comprendes que el deseo de Dios es que seas longevo, que llegues y pases los 80 años. *(Salmos 90:10; 91:16)*

## Identidad en acción

Puesto que eres creación de Dios, hoy:

1. Haz esta oración: "Padre celestial, te doy gracias por haberme dado mi cuerpo tal y como es, te pido perdón si no lo he apreciado, descuidándolo en mi forma de comer y beber. También, te pido perdón si he ingerido o fumado sustancias indebidas. Te pido, en tu nombre Jesús, que sanes todas mis enfermedades y reprendo todo espíritu de enfermedad sobre mi cuerpo. Gracias porque Tú me creaste.  Amén"

2. No consideres el suicidio una opción. Busca ayuda con un amigo, una iglesia, una célula familiar o un profesional. No te encierres en tu problema, a otros les ha pasado también. Siempre hay una esperanza y alguien que te pueda ayudar.

3. Haz una lista de los hábitos alimenticios y ejercicios físicos que vas a empezar a implementar en tu próximo tiempo de comida.  Pide a Dios sabiduría para aplicarlos disciplinadamente.

4. Decide que esta noche dormirás ocho horas, te acostarás más temprano de lo común.

Día **6**

# DISFRUTA RELACIONARTE CON LOS DEMÁS

*"El que se guarda un elogio sincero se queda con algo ajeno"* Pablo Picasso

*"Y dijo Jehová Dios:*
*No es bueno que el hombre esté solo..." Génesis 2:18*

**S**imeón **Estilita el Viejo**. Nació en Cilicia a finales del siglo IV. Su fama radica en el hecho de haber elegido como penitencia el pasar 37 años en una pequeña plataforma sobre una columna. A los 15 años entró a un monasterio, sin embargo, fue expulsado por su rigor absoluto, así que decidió ir al desierto para vivir en continua penitencia; allí, después de vivir en una cisterna seca y en una cueva, y a causa de la continua molestia que le suponían las personas que venían a visitarle, apartándole de la vida contemplativa y la oración, acercándole a la tentación, decidió que le construyeran una columna de tres metros de altura, luego una de siete y por último pasó a una de 17 metros para vivir subido en ella y alejarse del tráfico humano. Sobre esta columna pasó sus últimos 37 años de vida.

Esta historia nos muestra el ejemplo de una persona aislada completamente de la sociedad y las relaciones. Este hombre lo hacía como penitencia para acercarse a Dios. Sin embargo, hoy muchas personas buscan aislarse, como Simeón el Estilita, no por acercarse a Dios, sino porque tienen heridas en su alma. Como seres humanos no podemos dejar de vivir en sociedad, porque Dios nos hizo relacionales.

Regularmente las personas que se aíslan exponen muchas excusas, "soy tímido, no me gustan los problemas, soy independiente, puedo hacerlo mejor solo, no me gusta estar rogando a nadie, etc.". Pero realmente están colocándose una máscara que trata de ocultar soledad, inferioridad, tristeza, envidia y malos recuerdos.

## Expresiones de la máscara del aislamiento.

- Le gusta vivir en soledad.
- Le incomoda la risa de otros.
- Le irrita el ruido.
- Le molesta la felicidad de otros.
- No cree en la amistad.
- No confía en nadie.
- No da a conocer sus sentimientos.
- Le causa envidia el bien ajeno.
- No cree necesitar a nadie.

Las relaciones son tan importantes en la Biblia, que el apóstol Pablo nos da un tratado de normas de cómo relacionarnos con los demás. Y nos muestra la importancia de vivir en paz con todos hasta donde dependa de nosotros. *"Amaos los unos a los otros con amor fraternal; en cuanto a honra, prefiriéndoos los unos a los otros. En lo que requiere diligencia, no perezosos; fervientes en espíritu, sirviendo al Señor; gozosos en la esperanza; sufridos en la tribulación; constantes en la oración; compartiendo para las necesidades de los santos; practicando la hospitalidad. Bendecid a los que os persiguen; bendecid, y no maldigáis. Gozaos con los que se gozan; llorad con los que lloran. Unánimes entre vosotros; no altivos, sino asociándoos con los humildes. No seáis sabios en vuestra propia opinión. No paguéis a nadie mal por mal; procurad lo bueno delante de todos los hombres. Si es posible, en cuanto dependa de vosotros, estad en paz con todos los hombres". Romanos 12:10-18*

## Razones para tener buenas relaciones con los demás

- **El éxito en la vida siempre está relacionado con otras personas.** Los grandes logros en la vida tienen que ver con personas trabajando juntas. "Siempre que hay un triunfador, alguien le está ayudando". No podemos hablar de éxito, si no interactuamos con las demás personas.

- **Serás más feliz si disfrutas estar con las personas.** Las personas más felices son las que parecen tener mejores relaciones con los demás. Quien aprende a darse a si mismo, a servir a los demás y ponerse en último lugar, parece atraer a más personas.

- **Puedes llegar más alto si les simpatizas a los demás.** Las personas que consiguen las posiciones más altas en la vida lo logran porque hubo otras personas ayudándoles a subir, pero nadie quiere ayudar a subir al desagradable, comodón, materialista, brusco y burlón. Quien tenga estas características ahuyenta naturalmente a las personas de su lado y terminará en la soledad.

Jesús modela la importancia, no solamente de relacionarse, sino principalmente de hacerlo bien. *"Y Jesús crecía en sabiduría y en estatura, y en gracia para con Dios y los hombres." Lucas 2:52*

## Rompe la máscara del aislamiento

- Sonríe.
- Sé amable.
- Aprende a entablar una conversación.
- Haz bromas que no sean sarcásticas.
- Haz bromas pero no de alguien.
- Agrega valor con tus palabras.
- Sé honesto y sincero.
- Llama por su nombre a la personas, no con sobrenombres despectivos.
- Busca el mejor lado de las personas y señálalo.
- No te compares con otros.
- Disfruta de las cosas sencillas.
- Diviértete respetuosamente.
- Sé flexible.
- Únete a un grupo.
- Busca relacionarte con personas que sinceramente te hacen sentir bien.
- Haz todo lo posible por hacer sentir bien a los que frecuentas.
- No critiques demasiado duro a tu familia y amigos. Compréndelos.

¡Qué maravilloso saber, que cuando Dios te hizo, te dio la capacidad de disfrutar la amistad con los que te rodean! Él quiere relacionarse contigo pero también desea que te relaciones en armonía con los demás.

## Identidad en acción

Puesto que eres ser humano, hoy:

1. Haz esta oración: "Gracias señor Jesús por haberme creado con la capacidad y necesidad de relacionarme con otras personas. Perdóname si me he aislado, sin que sea esto tu propósito para mi vida. Perdono a los que me han dañado, por favor sana mi herida. En tu nombre, disfrutaré a mi familia, compañeros de la iglesia, trabajo, estudio y vecindario. Con tu amor, agregaré valor a las personas con las que me relaciono. Amén"

2. Llama o escribe a tres personas que aprecias y diles que les amas, principia en tu hogar.

3. Llama, escribe, contacta o visita a una persona con la que te has distanciado pero que la amas y señala tres virtudes que posea.

Identidad de humano

# RECONOCE TU INCLINACION AL MAL

"El hombre es como una bestia,
o lo monta Dios o lo monta el diablo"
Martín Lutero

*"Y vio Jehová que la maldad de los hombres era mucha en la tierra, y que todo designio de los pensamientos del corazón de ellos era de continuo solamente el mal". Génesis 6:5*

El hombre tiene que estar consciente del gen adámico y del pecado, y que necesita a Cristo en su corazón. Este es el último día de esta semana en que vimos la "Identidad de Humano" Y hemos reconocido que el hombre es una maravilla, que es una máquina maravillosamente admirable, que debe estar orgulloso del género que Dios le ha dado, sea hombre o mujer, y que debe estar satisfecho desempeñando el papel que Dios le ha dado, pero queremos reconocer en este día que aún con todo lo maravilloso y admirable que es el ser humano, su corazón está ligado al mal. Desde el primer pecado de

43

Adán y Eva hasta nuestros días, el ser humano comete crímenes tan aterradores que resultan, muchas veces, difíciles de creer.

Todos los días oímos y vemos los noticieros mostrando historias temibles de toda índole, que revelan la maldad del corazón del hombre. Por ejemplo: la noticia de María Vásquez, propietaria de un negocio en el mercado en una capital de Latinoamérica, que en abril del 2010 fue asesinada por un menor de edad. Al ser entrevistado el jovencito, dijo que le habían pagado un equivalente a 12 dólares americanos. Le preguntaron si lo volvería a hacer, respondió: "sí, si me vuelven a pagar". Así que la vida, en muchas ciudades, cuesta menos que un teléfono celular de los más económicos, $12.00 ó simplemente, nada.

Hay múltiples historias bíblicas en ambos Testamentos que muestran a hombres y mujeres cometiendo todo tipo de maldades. Podríamos mostrar ejemplos de asesinatos, violaciones, mentiras, adulterios, discriminaciones, injusticias, etc. Sin embargo, mostraremos la historia de Sansón, puesto que él refleja, por un lado, ser una "obra maestra" desde su nacimiento, con una fuerza física extraordinaria. Por otro lado, la tendencia constante al mal, una característica más de la identidad humana. Aunque, se mostrará el pecado sexual de Sansón, no obstante la idea es comprender algunos principios del pecado en la naturaleza humana.

En *Jueces 13* se cuenta la historia del hombre con más fuerza que jamás haya existido. Sansón fue escogido por Dios desde el vientre de su madre para salvar a Israel como juez. Dios le dijo a su madre que no bebiera ni vino ni sidra, ni comiera cosa inmunda para que fuera *"apartado para Jehová como nazareo" (V.7)* Dios se les apareció por medio de un ángel y les habló sobre lo especial que sería

Sansón y como lo deberían de criar para que fuera con voto de nazareo, es decir, "apartado para Jehová". En una aparición milagrosa, el ángel se mostró en el fuego del holocausto que ellos habían sacrificado.

Leyendo la historia de Sansón en **Jueces 13-16** vemos como éste descendía a la ciudad de los filisteos a hacer amistad. Allí se enamoró de varias mujeres hasta que éstas lo llevaron a la ruina y por consiguiente a la muerte. Esta intrigante y curiosa historia, muestra algunos principios:

- Descendió a Timnat y vio a una mujer filistea. El, por ser nazareo tenía todavía más compromiso con Dios.
- Pidió a sus padres que le pidieran a esa mujer por esposa. No respetó barreras y decidió romper el patrón y desobedecer a sus padres y a Dios.
- Cuando ellos le llamaron a la reflexión él les dijo "tomádmela porque ella me agrada". Dios no significó nada para él, solo le importó su sentir e inclinación al mal.

A partir de este momento, Sansón empezó la "novela" de provocación a los filisteos, una historia de juego con ellos, él les hacía mal, ellos le respondían y él se vengaba. Sansón no pudo reconocer su límite, sabía que tenía la bendición de Dios con una fuerza especial, era "nazareo" (apartado especialmente para una misión divina) pero no podía dejar de coquetear con el pecado. Constantemente, él quería probarse que todo estaba bajo control, que aunque estuviera entre los filisteos él era inmune y podía salir adelante.

**Radiografía del ser humano.** Lecciones que sacamos a raíz de la vida de Sansón

- El ser humano es portador de la imagen de Dios. Sansón traía en sus genes la naturaleza divina que lo capacitaba para la obra que Dios le había encomendado.
- El ser humano está inclinado al mal. Sansón también traía la naturaleza pecaminosa de inclinación al mal, pues le gustaba coquetear con el pecado.
- El ser humano es influenciado fácilmente al mal. Sansón por medio de sus acciones decidió inclinarse al mal enamorándose de mujeres que inclinaron su corazón perversamente, y le hicieron ceder al pecado.
- El ser humano sufre las consecuencias de su maldad. Sansón sufrió los resultados de haber cedido al mal, pues no cumplió con el propósito de Dios de librar a su pueblo, y murió sin ojos y soterrado.

Reconocemos que hay virtudes, talentos y cualidades morales y físicas en el ser humano, sin embargo, tarde o temprano la naturaleza "adámica", tendencia a pecar, cuando menos se espera, brota y lleva a la muerte espiritual y física. Sin embargo, Dios en su inagotable amor por ti y por todos nosotros, creo un plan para que su "obra maestra" caída, fuese restaurada, a través de Jesucristo. *"Porque así como en Adán todos mueren, también en Cristo todos serán vivificados. 1 Corintios 15:22*

El apóstol Juan escribió *"Pero a quienes lo recibieron y creyeron en él, les concedió el privilegio de llegar a ser hijos de Dios " Juan 1:12.* Entendemos, que por duro o difícil que parezca, ser humano no implica ser hijo de Dios. Tu identidad de humano, solamente confirma, que eres una criatura especial muy superior a la naturaleza vegetal y animal, sin embargo no eres un hijo de Dios. Los seres humano necesitamos confesar y arrepentirnos de

46

nuestros pecados, creyendo que Jesucristo murió en lugar nuestro en la cruz y recibirlo como Señor y Salvador de nuestras vidas.

Tu identidad de humano, de "obra maestra" puede ir a un mejor nivel, puedes adquirir la identidad de un hijo de Dios, de "príncipe y princesa". Mañana conoceremos sobre nuestra nueva identidad, sus privilegios y responsabilidades.

## Identidad en acción

Puesto que eres humano, hoy:

1.  Recibe a Cristo en tu corazón por medio de la fe. Haz esta oración: "Cristo, reconozco que he pecado y estoy lejos de ti, sin embargo, con sinceridad te pido que perdones todas mis maldades, creo que Tú eres el único camino a Dios, que tú eres Dios y moriste cruelmente en lugar de mi. Te recibo como mi único y suficiente Salvador. Por favor, acéptame como uno de tus hijos. Gracias por perdonarme, en el nombre de Jesús. Amén."

2.  Quítate la máscara de "Sansón" y no pienses que eres invencible, pensando que el pecado no va a hacer mella en ti porque ya eres de Dios. No frecuentes lugares de pecado, ni actividades pecaminosas. "No hay que hacer lo malo, ni hacer cosas que aparenten serlo".

3.  Reconoce que siempre hay algo que debes someter a Dios, que hay una naturaleza pecaminosa que debe ser entregada al fuego del Espíritu Santo.

4.  Sé radical y di "no" al pecado.

# S²da.
# emana

# EL PRÍNCIPE
## Identidad de hijo

> "Es asombroso llegar a Dios,
> arrepentido buscando perdón,
> para luego descubrir
> que no solo sales perdonado,
> sino siendo su hijo
> con esencia de príncipe" E. Guillén

Comprendemos que al recibir a Jesús por la fe en nuestro corazón y creer en Él como nuestro Salvador dejamos de ser solamente una creación o criaturas de Dios y nos convertimos en sus hijos. Pablo y Juan en sus escritos muestran a Dios como Rey de reyes *(1 Timoteo 6:15, Apocalipsis 17:14)*. Esto implica que eres un príncipe ya que eres hijo del Rey. Esta nueva identidad te abre la puerta a dimensiones extraordinarias en tu relación con Dios y en la capacidad de realizar proezas en la vida, en consecuencia, te da beneficios y responsabilidades. En esta semana aprenderemos juntos que tu identidad como un hijo de Dios, te permitirá: 1. Disfrutar de ser amado de Dios, 2. Disfrutar ser amigo de Dios, 3. Caminar en la verdad, 4.Practicar la humildad, 5. Creer en tu herencia, 6. Poseer actitud de hijo y 7. Vencer la adversidad.

# DISFRUTA SER AMADO DE DIOS

¡Qué dichoso quien creció
rodeado del amor
de sus padres, mas tres veces dichoso,
quien experimenta el amor
incondicional de Dios! E. Guillén

*"Por lo cual estoy seguro de que ni la muerte, ni la vida, ni ángeles, ni principados, ni potestades, ni lo presente, ni lo por venir, 39. ni lo alto, ni lo profundo, ni ninguna otra cosa creada nos podrá separar del amor de Dios, que es en Cristo Jesús Señor nuestro." Romanos 8:38*

**El afortunado parapléjico.** Dick nunca se rindió al saber que su hijo era parapléjico, buscó ayuda y por medio de un sistema computarizado, Rick se comunicaba con su padre.  Rick dio a conocer su deseo de participar en una carrera benéfica, su padre fuera de forma y sorprendido, decidió apoyar a su hijo.  Luego de la competencia, Rick le dijo a su padre que durante la carrera no se sintió incapacitado, Dick decidió darle a su hijo ese sentimiento tan a menudo como pudiera.  Han hecho 212 triatlones, incluyendo cuatro agotadoras competencias de 15 horas en la famosa carrera de Ironman en Hawai.  Con las edades 65 y 43, Dick y Rick terminaron su vigésima cuarta Maratón de Boston, llegando en la posición número 5083, en una carrera donde corren más de 20,000 participantes.

Vemos en esta historia como un padre a pesar de las limitaciones de su hijo no lo abandonó o lo cedió a alguien más, al contrario, estuvo más cerca de él, apoyando sus sueños. La Biblia enseña que los padres terrenales, a pesar de ser malos, es decir, no ser perfectos, tratan bien a sus hijos y les dan buenos obsequios; ¡cuánto más Dios!, que es perfecto,  bueno y principalmente que ama a sus hijos,

51

les dará lo que le pidan. *(Mateo 7:11)*

Tristemente, nuestra decadente sociedad ha producido muchos hogares fraccionados, personas que han crecido sin padres, niños que han sido creados por padrastros (algunos padrastros han sido buenos) o hijos fuera de matrimonio. El término bastardo se aplica a la persona que ha nacido de una mujer fuera del matrimonio, es decir, hijos ilegítimos. La mayoría de leyes en las sociedades modernas conceden derechos a personas en esta situación, principalmente en términos de alimentación y necesidades básicas, sin embargo, en la práctica sufren desventajas emocionales y psicológicas. Siempre con el temor de ser avergonzados, maltratados, marginados y hasta de ser echados de la casa por la madrastra o sus medios hermanos.

Es contradictorio observar a algunos cristianos, nacidos de nuevo, teniendo identidad de hijos de Dios, enfrentar cada día con temor, sintiéndose y actuando como hijos ilegítimos cuando no lo son.

## Evidencias de usar la máscara de hijo ilegítimo

- Sentimiento de temor sin saber por qué.
- Sentimiento de rechazo.
- Falta de fuerza para hacer lo correcto.
- Sentimiento de culpabilidad.
- Sentimiento de angustia, pensando que algo malo sucederá.
- Depresión.
- Visión negativa del futuro.

Ahora bien, tu identidad de hijo de Dios, garantiza que Él te amará siempre. Además, obtendrás beneficios por ser su amado. Tienes que comprender que no puedes hacer nada para merecer su amor, simplemente Él te ha amado desde que naciste, aunque le falles, Él te seguirá amando, no te estoy sugiriendo que no serás corregido y que no sufrirás las consecuencias de tus malas decisiones, sin embargo, Él te ha amado con amor eterno y te ha prolongado su misericordia *(Jeremías 31:3).*

La esencia de la vida se basa en amar y ser amado. Aunque, en la niñez es cuando más se necesita un ambiente y trato de amor para crecer seguro, no obstante, hasta el último día de la vida, para estar pleno, se requiere del oxígeno del alma: el amor.  Es por eso, que la angustia más fuerte y frecuente de las personas al relacionarse, es que las dejen de amar y perder a las personas que aman. Es fascinante leer en *Romanos 8:38* como Pablo tenía tan clara su identidad como un hijo de Dios que estaba convencido de que nada, ni nadie lo separaría del amor de su Padre.

Quiero animarte a que disfrutes las bendiciones que posees por tu identidad de príncipe e hijo de Dios y que quites todo temor de tu vida

## Beneficios de ser un hijo de Dios

- Te ama incondicionalmente. *(Jeremías 31:3)*
- Piensa en ti. *(Jeremías 29:11)*
- Eres importante para Él.
- Dio a su Hijo para salvarte. *(Juan 3:16)*
- Te trata con bondad. *(Jeremías 31:3 DHH)*
- No te ha pagado de acuerdo a tus actos. *(Salmos 103:10)*
- Te ha perdonado. *(Isaías 43:25)*
- Te corrige. *(Proverbios 3:11,12)*
- Provoca a que lo ames. *(1 Juan 4:19)*

53

# Identidad en acción

Puesto que El te ama y eres su hijo, hoy:

1. Haz esta oración: "Dios, gracias por hacerme tu hijo y tu príncipe, porque me amas a pesar de mis errores y pecados, gracias porque por tu misericordia no he sido consumido. Aunque el enemigo, por mis problemas y situaciones difíciles, me ha hecho pensar que no me amas y me has olvidado, ahora entiendo que moriste por mí, que no me acusas y que nada ni nadie me separará de tu amor. Gracias porque Tú me amaste primero, ahora yo puedo amarte y este amor me da la fuerza para vivir para ti y servirte en integridad. Gracias porque puedo comprender que mis buenas obras son el resultado del amor que te tengo. Amén."

2. Acércate confiado a Él, adóralo y alábale a través de la oración y el canto.

3. Recibe su perdón y cree que su amor es incondicional, aún en medio del dolor y la prueba,  no dudes que te ama y que nada lo hará cambiar .

4. Amalo viviendo en  integridad y no reniegues de su corrección, tómalo como una llamada de amor.

5. Emprende, sin temor, los grandes proyectos que Él ha puesto dentro de ti.

6. Basa tu valía  en quien eres,  en tu identidad de hijo de Dios y no en las riquezas, edad, belleza física y fama.

Identidad de hijo

# DISFRUTA SER AMIGO DE DIOS

"El amigo es mejor que la honra,
y el ser amado, mejor que el ser honrado."
Tomás de Aquino

*"Ya no los llamo siervos, porque el siervo no sabe lo que hace su amo. Los llamo mis amigos, porque les he dado a conocer todo lo que mi Padre me ha dicho" Juan 15:15*

Ser hijo no garantiza ser amigo del padre, hay muchos hijos que no gozan de la amistad con su padre terrenal, al contrario la frialdad, aislamiento y hasta el resentimiento son los aspectos que caracterizan su relación. Sin embargo, Dios no solo nos proveyó paternidad sino también nos ofrece su amistad. Los modelos litúrgicos de la religiosidad, aunque bien intencionados, pero con extrañas prácticas de respetar a Dios, en lugar de acercarnos, nos han alejado de la maravillosa experiencia de disfrutarlo, no solo como Padre sino como nuestro mejor Amigo.

Jesús percibe a sus discípulos como sus amigos y abiertamente les declara su aprecio, les enfatiza que ya no serán más sus compañeros de trabajo sino sus grandes amigos. Según *San Juan 15:15,16* la amistad de Él con sus seguidores se basa en Su elección. Esto implica, que desde que Cristo te eligió para salvación te convirtió en su amigo, ¡qué gran noticia!

55

No solo eres hijo, que es maravilloso, sino también su amigo.

Hay momentos que el sentir y actuar de algunas personas y cristianos es de enemistad con Dios. El desconocimiento, sufrimiento y problemas han causado que las personas enfrenten la vida sintiendo que Dios está irritado, molesto y en contra de ellas; piensan que Dios las mira como sus enemigas. El caso de Job muestra como se sienten y hablan muchas personas. *"Hizo arder contra mí su furor, Y me contó para sí entre sus enemigos" Job 19:11*

Otros, no obstante, aún siendo hijos de Dios, se sienten extraños, lejos y desconocidos de Él. *Colosenses 1:21*

## Evidencias de sentirse enemigo de Dios

- Te escondes de Él. La sensación de temor.
- Te sientes extraño. La sensación de sentirte ajeno a Dios.
- Te sientes extranjero. La sensación de desconfianza y de no tener derechos.
- Dudas de su Palabra. La sensación de que no se cumplirán sus promesas.
- Sientes que no te escucha. La sensación de que no mereces la atención de Dios.
- Peleas con Él con palabras y acciones. La sensación de que Dios no te ama.
- Te alejas de la iglesia y de las reuniones cristianas. La sensación de que todo es una farsa.
- Te declaras ateo. La sensación de que Dios no existe.

En la Biblia encontramos varios personajes que encontraron la manera de disfrutar una amistad estrecha con Dios. El patriarca Abraham fue amigo de Dios, este vocablo amigo en hebreo implica: "uno que ama", "un amigo querido" y "una relación de afecto" *Isaías 41:8*

En el Antiguo Testamento y en el Nuevo Testamento, se establece que la elección y reconciliación del hombre con Dios es el punto de partida para la nueva identidad. Es decir, en el mismo momento de tu conversión a Cristo, tu identidad de criatura se convierte en identidad de hijo y amigo de Dios. *"Pero tú, Israel, siervo mío eres; tú, Jacob, a quien yo escogí, descendencia de Abraham mi amigo. 9. Porque te tomé de los confines de la tierra, y de tierras lejanas te llamé, y te dije: Mi siervo eres tú; te escogí, y no te deseché."* (Isaías 41:8) *"Y a vosotros también, que erais en otro tiempo extraños y enemigos en vuestra mente, haciendo malas obras, ahora os ha reconciliado".*(Colosenses 1:21) Ambos pasajes muestran que la iniciativa de acercamiento, la toma Dios, Él está interesado en mostrarse amigo, amarte y mantener una relación estrecha contigo.

No depende de ti ser amigo de Dios, sencillamente Él quiso que fueses su amigo y te hizo su amigo. Ahora bien, como consecuencia de tu identidad, lo que sí puedes hacer es mejorar tu amistad con Él, y no porque no esté completa, sino porque puedes desarrollarla.

## Consolida tu amistad con Dios

- Muéstrale tus auténticos sentimientos y deseos. Exprésale tu tristeza, enojo, alegría o simplemente cuéntale tu lucha por desear hacer lo malo.
- Confía que no te abandonará ni cambiará su aprecio por ti.
- Frecuéntale a través de una devoción personal y en reuniones de adoración y estudio de la Palabra. Entre más te comuniques más lo conocerás.
- Platica con Él como hablas con un amigo. Probablemente el tono de voz y las palabras técnicas de la religión las tendrás que cambiar por expresiones normales de tu diario hablar.
- Se fiel, no endioses a otra persona u objeto más que a El.
- Ten fe en Él, aún en el día más oscuro. Ten la seguridad que Él cumplirá sus promesas en tu vida aunque tus sentidos naturales interpreten lo contrario.

Nota que ser amigo de Dios no se reduce a una relación pasiva, al contrario, te faculta para una vida de oportunidades, privilegios y responsabilidades. Abraham fue el padre de la fe y vivió una vida sobrenatural de milagros, los apóstoles dieron su vida por la causa de su amigo, al ver que su amigo dio la vida por ellos. Puesto que eran sus amigos, lo obedecieron, lo amaron y vivieron para Él. Una vez más, sus obras eran el resultado de que eran amigos de Él y no la condición para llegar a ser sus amigos.

Libérate del afán y ansiedad de esforzarte para convertirte en Su amigo, más bien disfruta una vida de plenitud, llena de alegría y paz al comprender que lo que haces es el resultado de tu amistad con Él.

## Identidad en acción

Puesto que eres un hijo de Dios y su amigo, hoy:

1.  Haz esta oración: "Gracias mi querido amigo por amarme ofreciéndome tu amistad afectuosa, porque siempre tú has tomado la iniciativa de buscarme y reconciliarme contigo, perdóname si no me he acercado tan frecuentemente a ti. Quiero ser auténtico y mostrarte mis verdaderos deseos, los buenos y los malos. Confío en tus promesas aunque mis circunstancias sean adversas, sé que me ayudarás a cumplir tu propósito. En tu nombre Jesús y por la amistad que tenemos me levantaré y emprenderé los sueños que has puesto en mi corazón. Amén"

2.  Principia a platicarle  frecuentemente  y de una manera amigable, normal y con respeto, como lo haces con tu mejor amigo. Cuéntale todo sin esconderle nada, de igual manera, ya lo sabe.

3.  Alégrate en su presencia, como lo haces cuando estás con tus amigos.

4.  Actúa en integridad para agradarlo, servirle  y vivir para Él.

5.  Enfrenta confiado la vida y emprende nuevos proyectos porque no estás solo, tu amigo va contigo.

6.  Disfruta que tu valor no consiste en tus bienes, títulos y apellidos, sino en tu garantizada amistad con Dios.

Identidad de hijo

# CAMINA EN LA VERDAD

"Quien siempre dice la verdad,
puede permitirse tener
mala memoria" T. Heuss

*"Los labios mentirosos son abominación a Jehová;*
*Pero los que hacen verdad son su contentamiento."*
**Proverbios 12:22**

**E**l **capitán de los hombres íntegros.** La historia nos cuenta que Sankara, fue presidente del Alto Volta en África, inicialmente le cambió el nombre al país, a Burkina nombre que significa el "país de los hombres íntegros". Hizo varias reformas en su gestión: Vendió los coches suntuosos del gobierno, se deshizo del avión presidencial, luchó contra la corrupción, promovió ganarse la vida a través de los productos agrícolas e industriales propios del país, sin depender de la ayuda externa.   Los funcionarios fueron instados a vestir el traje tradicional de Burkina Faso, que se tejían de forma artesanal, lo que llevó a muchas mujeres a comenzar a tejer en los patios de las casas, consiguiendo ingresos propios. Y para incentivar la agricultura, prohibió la importación de frutas y verduras. Promovió la construcción de escuelas y dignificó a los maestros, invirtió en la educación: abogó por la igualdad de mujeres y hombres, fomentó el comercio regional y una larga serie de disposiciones llamadas a reforzar el orgullo de los ciudadanos de Burkina. Este es un ejemplo de un hombre que con integridad pudo hacer cambios dramáticos en su país. (1)

Hablar la verdad no siempre es fácil, ser veraz requiere mucho carácter y decisión. Lastimosamente muchas personas en el mundo han optado por la mentira como su norma de conducta diaria. A menudo vemos como padres mienten a los hijos, hijos a sus padres, jefes a sus empleados, empleados a sus jefes, maestros a alumnos, alumnos a maestros, etc. Mundialmente las personas que sobresalen y se mantienen en posiciones de autoridad y liderazgo son personas íntegras, cuyo patrón es hablar la verdad. En San *Marcos 6* podemos ver como Juan el Bautista fue muerto por decir la verdad. Fue asesinado por Herodes por reprocharle estar viviendo con la mujer de su hermano.

Regularmente algunas personas mienten de manera solapada, algunas veces sin intención y algunas intencionalmente. Quizá, la manera más frecuente para interpretar la analogía de "usar máscaras" es en la mentira.

## Expresiones de la máscara de mentira

- **Ocultando parte de la verdad:** No decir la verdad completa es farsa, porque se está faltando a la verdad completa.
- **Exagerando la verdad:** Decir más de lo que se debe, pensando que se va a "adornar" la verdad es también una mentira.
- **Alterando la verdad a su conveniencia.** Otros tratando de poner la balanza a su favor falsean la verdad a conveniencia propia.

- **No diciendo la verdad cuando se debe.** Cuando sabiendo la verdad se oculta cuando se debe, se está faltando a la integridad, es decir, ocultar la verdad en el tiempo en que se necesita que se diga.

La persona que miente lleva consigo una serie de consecuencias, algunas tan fatales como la muerte.

## Consecuencias de usar la máscara de mentira.

- **Vive en temor.** Quién miente vive con la zozobra de ser algún día descubierto. Vive constantemente viendo a su alrededor, tratando de ocultar.
- **Cae en mentiras mayores.** Tiene que seguir mintiendo porque una mentira necesita otra mentira para cubrirla. Una mentira no puede ir aislada, tiene que ir acompañada de otras para seguir sosteniéndose.
- **Tiene mala fama.** La persona que miente se hace mal nombre, después está la idea de que todo lo que dice es incorrecto. No será promovido a puestos de mayor confianza.
- **Pierde negocios.** Los que lo conocen no querrán hacer tratos con él.
- **Afecta la relación en la familia.** Provoca al cónyuge a que lo cele. Los padres limitan los permisos e imponen castigos.

El polígrafo es un instrumento utilizado para detectar mentiras midiendo el ritmo cardíaco, el nivel respiratorio, presión sanguínea y la respuesta galvánica de la piel. Así mismo Dios tiene su polígrafo para detectar si estamos mintiendo, este es el Espíritu Santo en nuestras vidas. Debemos estar seguros que somos hijos de la verdad, y por ser hijos de la verdad es que no decimos mentiras. El hijo de Dios no pasa la vida haciendo un esfuerzo por ser veraz. Sale espontáneamente como fruto de su naturaleza divina el deseo de ser veraz y hablar la verdad. Jesús es la verdad, Jesús es Dios, tú identidad es ser hijo de Dios, por lo tanto, eres hijo de la verdad. *(Juan 14:6)*

## Razones para decir la verdad

- **Porque te liberará.** Cristo dijo: *"Conoceréis la verdad, y la verdad os hará libres"* (Juan 8:32) Siempre, conocer y practicar la verdad te hará libre y no dependiente. La persona que miente es esclava de sus propias mentiras.
- **Porque te librará de la vergüenza**. La mentira dura hasta cuando la verdad aparece. No se puede ocultar por mucho tiempo, tarde o temprano la verdad aparece y el que habla mentira quedará avergonzado.
- **Porque te librará de que otro te mienta.** El hombre siega lo que siembra. *"No os engañéis Dios no puede ser burlado porque todo lo que el hombre sembrare eso también segará". Gálatas 6:7*. Jacob cosechó muy duro por haber engañado a su padre. *Génesis 37:31-34*
- **Porque te librará de proyectar desconfianza.** No puedes sostenerte firme en la vida, hablando mentira. Y esto será motivo de desconfianza en todas las áreas de tu vida. Quien habla la verdad acrecenta su liderazgo. La credibilidad es un pegamento entre el líder y sus colaboradores.
- **Porque te librará de caer en otros pecados.** La mentira conlleva a otros pecados como, el robo. Alguien dijo: "quien miente, roba y quien roba miente". Estas dos acciones parecen estar unidas y caminar de la mano. Casi siempre que se encuentra una persona con una de estas características lleva implícita la otra. Decir la verdad te da la fuerza

para ser honrado.

Hablar la verdad es la consecuencia de tu identidad de príncipe, hijo del Rey de verdad. Saber que eres hijo de Dios te activa y faculta para vivir en la verdad.

## Identidad en acción

Puesto que eres hijo de Dios, hoy:

1. Haz esta oración: "Mi Padre, te doy gracias por implantar la verdad en mi corazón, gracias Espíritu Santo porque me enseñas el camino de la verdad y me redarguyes cuando miento. Te pido perdón por las máscaras de mentira que he usado para evadir mi responsabilidad. En tu poder, seré luz de la verdad, mejorando las relaciones en mi casa y fortaleciendo mi liderazgo en el trabajo y la iglesia. En tu nombre Jesús. Amén."

2. Devuelve y haz un plan de pago, si acaso, has robado.

3. Pide consejo a una persona sabia, prudente y madura para que te oriente sobre como confesar tu engaño al defraudado.

# PRACTICA LA HUMILDAD

"La humildad es la base y fundamento
de todas las virtudes,
ya que sin ella no hay alguna que lo sea."
Miguel de Cervantes

*"Nada hagáis por contienda o por vanagloria;*
*antes bien con humildad, estimando cada uno*
*a los demás como superiores a él mismo;" Filipenses 2:3*

**L**a humildad de Messi. El jugador argentino Javier Saviola, delantero del Málaga, alabó la calidad futbolística y humildad que desde muy joven ha demostrado su compatriota Lionel Messi. "Lo veíamos en los entrenamientos y a todos nos maravillaba las cosas que hacía, la velocidad de definición, la velocidad de conducir la pelota, la humildad que tenía desde chico y toda esa calidad" Desde joven ha tenido los pies en la tierra y ya tiene cuatro balones de oro. Sandro Rosell, presidente del club en España donde juega Messi, sostuvo que el delantero argentino es un ejemplo de humildad pese a ser el mejor futbolista del mundo, conferencia que dictó a un grupo de escolares de Barcelona que el directivo resumió con el lema "Quien tiene valores, gana". "Humildad es no hacerse el prepotente. Messi celebra con humildad los triunfos personales y los títulos del equipo" (1)

Todo ser humano es tentado a enorgullecerse de las buenas situaciones y triunfos que ha conseguido. La riqueza material, la posesión de muchos bienes, lo títulos profesionales, la belleza física, las habilidades deportivas, artísticas y musicales, el liderazgo ministerial, empresarial, cultural y político, etc. Podrían ser algunas razones para inflarse de orgullo. Pablo urge a los cristianos a ser humildes y pone como ejemplo, la vida del Señor Jesucristo, que a pesar de ser Dios fue humilde, se humilló y luego fue exaltado. (*Filipenses 2:3-11*).

El término humilde en hebreo (anavá) implica a una persona que es mansa, gentil, dulce y apacible. Este es un valor muy difícil de practicar mayormente si no se es cristiano. Jesucristo es el mayor exponente de la humildad. Su vida entera fue el mas grande ejemplo de mansedumbre, dulzura, pasividad, etc. La persona humilde va a gozar de muchas ventajas en la vida. *"Riquezas, honra y vida son la remuneración de la humildad y del temor de Jehová." Proverbios 22:4*

## Beneficios de practicar la humildad

- **Recibe riquezas, honra y vida.** El altivo probablemente tenga riquezas pero con deshonra y con muerte prematura. ¿Cuántas personas hay, que han muerto solamente por la altivez?.
- **Obtiene la aprobación de Dios.** *"Dios resiste a los soberbios, Y da gracia a los humildes." 1 Pedro 5:5*
- **Obtiene puertas abiertas y se le facilitan las oportunidades.** Ampliamente es sabido que

las personas capaces pero con actitud altiva son rechazadas. Hasta las figuras públicas con mucha aptitud son mal vistas cuando altivamente celebran sus éxitos y rechazan despectivamente a la prensa.

- **Desarrolla contentamiento en lo que hace.** La estabilidad es buena y es característica de los humildes, pues se contentan y no están deseando avaramente el bien ajeno.
- **Desarrolla buenas relaciones interpersonales.** ¿Has notado cómo a las personas humildes se les facilitan las amistades? Las puertas les son abiertas en grupos, comités, empleos y hasta en familias.

La Biblia también muestra los resultados destructivos para quien se comparta con orgullo. Quizá, venga a tu mente alguna historia de alguien que sufrió por no haber practicado la humildad. La historia verídica del joven Miguel ilustra las consecuencias terribles que enfrenta el altivo, él presumía de valentía por el arma que usaba, esta altivez se acrecentaba cuanto cargaba un revolver en la cintura. Toda la gente de la comunidad comentaba como el rostro y el andar de Miguel cambiaba cuando portaba su revolver. Un día el mejor amigo de Miguel, Juan, le lanzó desde otro auto una bolsa con agua. Esto fue motivo suficiente para que Miguel descendiera del auto y muy valientemente provocara a Juan hasta llegar a los puños. Luego tirados en el suelo empezaron a forcejear hasta que los dos desenfundaron sus armas y Juan disparó mortalmente a su mejor amigo Miguel. Este es un ejemplo de lo mortal que puede ser el orgullo.

## Las consecuencias de ponerse la máscara de la altivez.

- **Terminan en soledad.** Las personas orgullosas terminan rechazados de todos sus familiares, amigos y compañeros. Nadie termina soportando sus características de altivez.

- **Tienen que comprar compañía**. Con dinero tienen que pagar para que personas estén a su lado.
- **Obtienen el rechazo de Dios**. ¡Qué cosa tan terrible ha de ser que Dios no vea y escuche a una persona por su altivez! *"Porque Jehová es excelso, y atiende al humilde , mas al altivo mira de lejos." Salmo 138:6*

La Biblia da la receta para practicar la humildad y destruir la máscara de orgullo. Pablo escribe *"Nada hagáis por contienda o por vanagloria; antes bien con humildad, estimando cada uno a los demás como superiores a él mismo;" Filip. 2:3*

## Rompe la máscara de la altivez

- **Reconoce que el orgullo ofende a Dios**. Ora y pide a Dios su ayuda para ser humilde.
- **Mira a las personas con dignidad y respeto**. Debes tratar a las personas como si fueran superiores a ti, no importa su condición social, económica, racial, etc.
- **Evita hacer tus tareas por vanagloria y competencia**.
- **Piensa menos en ti y no menos de ti**. Tú no eres el centro del universo, es Dios.
- **No hables grandezas de ti**. Deja que otros señalen tus virtudes.
- **Cultiva valores que alimenten tu humildad**: recato, prudencia, generosidad, lealtad y empatía.
- **Pide ayuda a otras personas.** Debe haber alguien cerca de ti, que te ame, te conoce y que con madurez te sugiera que acciones debes mejorar.

No debes confundirte, creyendo que humildad es un asunto externo y económico y no un asunto interno del corazón. Generalmente, la tendencia ha sido que quien tiene riqueza es prepotente, se ha llegado a la falsa conclusión que la falta de recursos es símbolo de humildad. Sin embargo, hay gente pobre que es orgullosa y gente adinerada que es humilde, la diferencia la hace el corazón. Tu identidad como un hijo de Dios, con categoría de princesa o príncipe, no debe conducirte a actitudes altivas y orgullosas, al contrario los hijos de Dios se caracterizan por ser como Él, manso y humilde de corazón. *(Mateo 11:29)*

## Identidad en acción

Puesto que eres su hijo, hoy:

1.  Haz esta oración: "Gracias mi Padre por darme la oportunidad de acercarme a ti con toda confianza y amor. Quiero pedirte perdón, por los pensamientos, palabras y hechos que he expresado con orgullo de mi corazón. No buscarte, ni depender de ti en los asuntos diarios de mi vida, muestran que me creo auto suficiente. Perdóname, si he sido irrespetuoso y he tratado mal a las personas, pensando que soy superior a ellas. En tu nombre Jesús, decido tratar a los demás con humildad. Amén."

2.  Decide no alzar la voz, ni usar expresiones que hagan sentir menos a las personas con las que te relacionas.

3.  Decide llamar o escribir a alguien para felicitarlo por el triunfo que ha obtenido en los últimos días.

Identidad de hijo

# CREE EN TU HERENCIA

"En el arte, como en la biología,
no hay herencia si no hay ancestros.
Los pintores heredan características
adquiridas por sus ancestros." Juan Gris

*"Y si hijos, también herederos: herederos de Dios
y coherederos con Cristo, si es que padecemos
juntamente con Él, para que juntamente con Él
seamos glorificados." Romanos 8:17*

**E**l **retrato y la herencia**. Se cuenta que había un hombre millonario que con su hijo tenían el hábito de coleccionar pinturas famosas. Pasado el tiempo el hijo murió en combate y un soldado trajo a regalar al padre, una pintura que él había dibujado de su hijo mientras éste moría valientemente. Con el tiempo el padre también murió  y en su casa se hizo una subasta, llegaron muchas personas interesadas en adquirir las pinturas originales de los pintores mas prestigiosos en todo el mundo. Bueno, dijo el subastador, se inicia la subasta, principiaremos con el retrato de "El Hijo", ¿quién ofrece 50 dólares?, nadie dijo nada; alguien expresó, "no nos interesa el retrato, no perdamos el tiempo venimos por las pinturas".

Insisto, dijo el subastador, ¿Quién ofrece talvez 20 dólares por el retrato? "No queremos el retrato venimos por los tesoros, los Rembrandt, los Van Gogh, los Monet". De nuevo ¿quién ofrece $20? De pronto se levantó una mano en el fondo del salón y dijo: doy diez dólares por el retrato, es todo lo que tengo, se trataba del viejo jardinero que había conocido al padre y a su hijo. El subastador golpeó por fin el martillo: A la una, a las dos y... ¡vendida por $10!

¡Ahora ya podemos empezar con la colección! gritó uno. Pero el subastador soltó su martillo y dijo: Lo siento mucho, damas y caballeros, pero la subasta llegó a su final. Cuando me llamaron para conducir esta subasta, estaba estipulado en el testamento del dueño, que solamente la pintura de "EL HIJO" sería subastada. Aquel que la comprara, heredaría absolutamente todas las posesiones de este hombre, incluyendo las famosas pinturas. El hombre que compró "EL HIJO" se quedó con todo.

Entendemos por heredero a la persona que por testamento o por ley le corresponde una herencia. Generalmente los abuelos o los padres heredan a sus hijos y nietos. Ser hijo de Dios, tener identidad de príncipe y princesa te da derecho a poseer la herencia del Rey. *Romanos 8* explica que los cristianos son herederos de Dios, el contexto de este capítulo se refiere, primariamente a la herencia eterna de la salvación (en el día 28 hablaremos con más detalle), sin embargo, en todo el contexto de la Biblia, encontramos promesas de bendición para esta tierra. No obstante, algunos cristianos por las circunstancias que les rodean, les es difícil creer que Dios tiene dádivas en este mundo para ellos. Es probable, que tus ancestros no te hayan heredado nada, que te sientas desposeído, carente de todo bien material y esto esté produciendo algunos sentimientos y actitudes que te estén dañando.

Sentimiento de melancolía y tristeza. Te atrapa el sentimiento de temor a hablar con personas superiores a ti, sentir que no tienes derecho de opinar y hablar. Sientes aflicción por considerar que nada te saldrá bien, sientes que no tienes rumbo. Un sentimiento de letargo, desánimo, cansancio y sueño. Sin deseos de emprender, desánimo interno para principiar algún proyecto nuevo. Estos son algunos síntomas que produce la sensación de ser desposeído.

Sin embargo, como hijos de Dios tenemos derecho de ir con el dueño del cielo y la tierra y pedir por herencia naciones y lo que hay en ellas para su gloria, para ayudar a otros y también para que nosotros mismos seamos bendecidos. *"Pídeme, y te daré por herencia las naciones, Y como posesión tuya los confines de la tierra." Salmos 2:8*

En otras palabras, tu identidad de hijo de Dios, conlleva bendiciones en el cielo, pero también, aquí y ahora, en esta tierra. El saberse heredero de Dios, produce un cambio de sentimientos y actitud, además te ayuda a enfrentar la vida con fe, valentía y seguridad. El ejemplo de Jonatán, el príncipe, el hijo del rey Saúl, tenía el lugar más especial en la mesa real, no se sentaba en cualquier silla, se sentaba en la cabecera, la que estaba enfrente del rey, su padre. Por simple que pareciera, en la monarquía, las sillas tienen un grado de importancia. *1 Samuel 20:25 DHH*

## Características de los herederos

- **Seguridad**: El heredero camina seguro, confiado, con humildad pero con la frente en alto, sintiendo que el mundo le pertenece y que tiene todas las posibilidades por delante.
- **Felicidad**: La persona que tiene una herencia tiene una felicidad interna que invade su corazón.
- **Visión positiva del futuro**: El heredero mira confiado hacia adelante, tiene fija en su mente la meta que ha trazado en su corazón. No duda ni vacila pues la visión traza su camino.
- **Tranquilidad**: El heredero afronta los problemas confiado en que su herencia, las promesas divinas le sacarán a flote.

## Rompe la máscara de huérfano desposeído.

- **Conviértete en hijo de Dios**. Para ser heredero del Padre celestial debes recibir a Cristo en tu corazón.
- **Lee, conoce y cree en tu Testamento**. El testamento del cristiano es la Biblia. Si el cristiano no lee la Biblia nunca sabrá a lo que tiene derecho en la vida.
- **Piensa con mentalidad de heredero**. Piensa diferente, ten patrones mentales y de conducta totalmente distintos al desheredado.
- **Emprende sin temor**. Ten confianza en la herencia que tu Padre te ha dado. Saber que tienes una herencia te da fuerzas para comenzar nuevas etapas.

Tu valía no está en tus posesiones físicas ni en tu apellido, puede ser que ahora mismo no tengas trabajo, no tengas la posición en la empresa, ni la casa, ni el vehículo de tus sueños, pero debes comprender que tu valor está en que eres hijo de Dios, que eres príncipe y princesa, que Dios te ha ofrecido el cielo, que eres heredero de la eternidad y de promesas de autoridad, salud y prosperidad.

## Identidad en acción

Puesto que eres su heredero, hoy:

1. Haz esta oración: "Gracias Dios, por ser mi Padre y mi Rey, te agradezco porque soy heredero de tus promesas, del cielo y de las bendiciones terrenales. Te pido perdón porque he dudado de tus promesas al ver las dificultades económicas y los desafíos materiales. Aumenta mi fe para enfrentar las nuevas etapas de mi vida y guíame Espíritu Santo a caminar en confianza en tu Palabra. Creo que me ayudarás en mi vida financiera, dándome salud, trabajo e ideas de negocios. Tomo autoridad y declaro en el poder de tu nombre  que así será hecho. Amén"

2. Reclama las promesas de Dios.  Si ya tienes suficientes posesiones materiales, Dios te puede dar más para tu provecho y para que seas generoso con el necesitado. Si Dios aumentó las riquezas de los patriarcas de la Biblia, Abraham, Isaac y Jacob, lo puede hacer contigo.

3. Prepárate en las ciencias políticas, si tienes vocación y corazón para gobernar la tierra que es de Dios.

Identidad de hijo

## POSEE ACTITUD DE HIJO

!Cuán grande riqueza es,
aun entre los pobres,
el ser hijo de un buen padre!
Juan Luis Vives

*"Pues ustedes no han recibido un espíritu de esclavitud que los lleve otra vez a tener <u>miedo</u>, sino el Espíritu que los hace hijos de Dios. Por este Espíritu nos dirigimos a Dios, diciendo: "¡Abbá! ¡Padre!" Romanos 8:15 DHH*

**E**l padre que sostenía la soga. Un grupo de turistas en la región montañosa de Escocia querían apoderarse de algunos huevos que estaban en un nido situado en un lugar inaccesible frente a un precipicio. Trataron de convencer a un niño, que vivía por allí cerca, de que podía bajar hasta donde estaba el nido si le ataban a una soga, que sería sostenida por ellos desde arriba. Le ofrecieron una gruesa suma de dinero, pero como no era gente conocida, el muchacho se negó a bajar. Le dijeron que no le pasaría nada, pues ellos sostendrían firmemente la soga. Por fin el muchacho dijo: - La única condición que pongo para bajar es que sea mi padre el que sostenga la soga.

Esta historia, ilustra la seguridad que genera en un hijo el tener un buen padre, en quien pueda confiar ciegamente. A los seres humanos nos cuesta confiar en los extraños. La mayoría necesita conocer a una persona antes de depositar en ella su confianza.

Generalmente, quien no tiene padre actúa de maneras singulares: Se siente inseguro, sin derecho, sin proyección y sin base para realizar un futuro. Quien no ha recibido a Cristo en su corazón, aunque tenga todo lo material, en los momentos cruciales, se siente vacío. He allí, la razón por la cual muchos hijos de personas acaudaladas se refugian en los vicios, (alcoholismo, drogas y sexo) y algunos se suicidan, porque, aunque tienen progenitor, se sienten huérfanos pues les falta lo más importante: Cristo en el corazón, necesitan al Padre celestial.

Según *Romanos 8:15* la expresión más recurrente de estar lejos de Dios, de no ser hijo del Padre celestial, es el miedo, un temor profundo provocado por un espíritu demoníaco. El pánico era el fobo para los griegos, de allí la palabra fobia. Los niños que crecen en la orfandad padecen de fobias. Algunas de las más comunes para los huérfanos son:

## Expresiones de la máscara de fobia

- Fobia al futuro
- Fobia a ser despreciado
- Fobia social: Miedo de hablar, timidez excesiva
- Monofobia: Miedo a una sola cosa en particular. Miedo a la soledad, a estar solo.
- Necrofobia: Miedo a la muerte, a las cosas muertas, a los cadáveres.
- Odinofobia: Miedo al dolor.

- Panfobia, Pantofobia: Miedo a todo.
- Patofobia: Temor a las enfermedades.
- Peniafobia : Miedo a la pobreza.
- Psicopatofobia: Miedo a volverse loco.
- Teofobia: Miedo a Dios; a las religiones.
- Virginitifobia: Miedo a la violación.
- Vitricofobia: Miedo al padrastro.
- Tocofobia: Miedo al parto, a los embarazos.
- Acluofobia, escotofobia: Miedo a la oscuridad.
- Agrafobia: Miedo al abuso sexual.
- Penterafobia: Miedo a la suegra.
  (Esta última es una broma, aunque existe, yo nunca la he tenido)

La segunda parte de Romanos 8:15 es extraordinaria porque explica que el Espíritu Santo nos hace hijos de Dios y nos da la oportunidad de tener una relación profunda de confianza y seguridad, libres de todo temor al llamarle Abba, que significa:  Papi, Papito. Esta expresión evoca a un niño libre de temor porque confía en un ser más fuerte que él, que lo ama y lo protegerá.

¡Qué bendición! saber que eres hijo de Dios, príncipe, hijo del Rey y Él tiene promesas de protección para ti. *"Porque ciertamente te libraré, y no caerás a espada, sino que tu vida te será por botín, porque tuviste confianza en mí, dice Jehová." Jeremías 39:18*

## Las actitudes de un hijo que tiene un buen padre

- **Seguridad:** ¿Has notado algún niño cuyo padre se siente muy orgulloso de él? ¿Has observado las reacciones de ese pequeño? En su caminar y actuar se observa con seguridad.

- **Confianza:** El hijo de un buen padre sabe que puede confiar en él, que su padre responde por él ante las vicisitudes de la vida.
- **Convicción.** Como quien tiene derecho de todas las posesiones de su padre: El hijo usa los utensilios de su padre con confianza, come en su mesa, le pide dinero, etc. Se siente con todo el derecho de lo que a su padre le corresponde.
- **Amor.** Busca el bien de su prójimo, celebra la victoria de su hermano, no tiene envidia del progreso y avance ajenos.
- **Generosidad.** Quien se siente hijo es generoso, brota de su ser interno la longanimidad. Es generoso como producto del agradecimiento por el excelente padre que ha tenido.

Deseo que sepas, que ahora puedes disfrutar de seguridad y confianza aunque no hayas tenido un buen padre biológico. Estoy tratando de depositar en tu interior la seguridad de que, debes andar por la vida seguro, porque tienes un gran Padre que es Dios. Aunque tu vida haya sido dura por la ausencia de tu progenitor, si ya recibiste a Cristo en tu corazón debes caminar seguro sabiendo que Él es tu Padre que te ama y responde por ti. No te sientas más como huérfano, pues tu Padre es el Rey de reyes y Señor de señores. Camina como tal y proyéctate de la misma manera.

## Identidad en acción
Puesto que eres hijo de Padre amoroso, hoy:

1.  Haz esta oración: "Amado Padre celestial, como nunca antes quiero agradecerte por tanto amor y confianza que me brindas. Perdona si a veces he sentido pánico y temor, creyendo que me has abandonado. En tu nombre Jesús renuncio y echo fuera de mi vida a todo espíritu de esclavitud que me produce miedo. Gracias porque por medio de tu Santo Espíritu te puedo llamar mi Papito, mi Papi. En ti me siento seguro y me levanto en esta confianza para enfrentar el presente y el futuro. Sé, que estás conmigo y me proteges en la casa, el trabajo y cuando voy en la calle. Te amo mi Jesús. Amén."

2.  Decide pensar, como piensa un hijo en la dificultad. Piensa con optimismo, sabiendo que tu Padre te ama y que pronto terminará la prueba.

3.  Disfruta y ten tranquilidad por tantas cosas buenas que te están sucediendo, porque no vaticinan, que algo malo te vendrá.

Identidad de hijo

# VENCE LA ADVERSIDAD

"Ver que la adversidad
es parte de la vida,
te hace firme candidato
para vencerla." E. Guillén

*"8. Así, aunque llenos de problemas, no estamos sin salida; tenemos preocupaciones, pero no nos desesperamos.(DHH) 9. perseguidos, pero no abandonados; derribados, pero no destruidos." (NVI) 2 Corintios 4:8,9*

**D**e obesa derrotada a vicepresidenta exitosa. El desánimo de Pam Lontos era tan severo que no quería abandonar la cama. Había aumentado cincuenta libras y estaba durmiendo dieciocho horas diarias. Fue entonces cuando oyó un anuncio sobre un club de salud, al cual se inscribió. El escritor Ziz Ziglar resume en 10 pasos la manera como Pam venció la adversidad.

Aquí algunos: *"Paso 1: **Deseó y actuó**. Se inscribió en el club de salud, donde encontró gente amistosa y activa, además comenzó un programa limitado de ejercicios. Paso 2: **Siguió su pasión**. Antes había sido vendedora en una tienda de zapatos en la*

79

*que había tenido éxito, pero había seguido un desvío a insistencia de su familia y llegó a ser profesora, lo que le trajo depresión y empezó a comer en grandes cantidades lo cual explica el peso ganado y la energía perdida. Paso 3: **Emprendió**. Persuadió al club a darle un trabajo de vendedora y se convirtió en la número uno. Paso 4: **Fortaleció su mente**. Escuchó diariamente grabaciones motivacionales. Paso 5: **Fue tenaz**. Se quebró la pierna, tuvo que permanecer enyesada y caminar varios meses con muletas pero eso no la detuvo. Paso 7: **Pidió ayuda**. Doce días después contrató a un chofer para que la llevara a sus citas. Paso 8: **Fue creativa**. Decidió hacer sus ventas y citas por teléfono, y las ventas tuvieron un incremento sustancial. Poco después fue promovida a gerente general, luego conferencista y facilitadora de motivación y técnicas de ventas. El resultado fue tan bueno que la cadena de radio de Disney hizo de Pam la vicepresidenta de ventas para toda la cadena."* [1]

Ser un vencedor, implica que hubo adversidad, nadie puede convertirse en un triunfador eludiendo la dificultad, hay que enfrentarla. Pam Lontos se convirtió en una vencedora tomando diversos pasos, entre los primeros, interactuar con otras personas que le animaran y ayudaran a salir adelante. Hay una corriente de pensamiento muy fuerte, que propone como solución a las dificultades la autoayuda, hace al ser humano el centro de la solución, prácticamente sin la ayuda de otros y sin la de Dios. Sin embargo, hay pocas personas, que se jactan, de haber salido adelante sin la ayuda de nadie. La mayoría de vencedores testifican que alguien más les ayudó.

Ser hijo de Dios, conlleva extraordinarias bendiciones, una de ellas, es que no estás solo, el más Grande, Poderoso y Sabio Padre, está contigo, ¡ayudándote a vencer! *(Mateo 28:20)*

Antes de animarte a que no claudiques en medio de la dificultad, debemos considerar algunas confusiones y equivocados conceptos sobre la adversidad.

## Tabús de la adversidad

- **El que "tiene" fracasos "es" fracasado.**
  Por favor, comprende: no es lo mismo "ser" que "tener". Me gusta ejemplificarlo, con la enfermedad de la tuberculosis y la tos. No es lo mismo, "ser" una persona tuberculosa, que "tener" tos. Hay personas que "tienen" tos pero que no "son" tuberculosas. Es decir, "tener" tos, no implica que "seas" enfermo. Hay personas que tienen fracasos, (¿Quién no ha tenido?) pero no son fracasados, su actitud es de fe y tienen el coraje para seguir adelante. Vencer la adversidad, no necesariamente significa tener éxito, pero si implica levantarse e iniciar de nuevo. La biografía de Tomas Edison y las más de mil veces que intento hacer funcionar el bombillo eléctrico lo demuestra. El dijo: *"Las personas no son recordadas por el número de veces que fracasan, sino por el número de veces que tienen éxito".*

- **El que busca la adversidad es valiente.**
  Hay personas que andan buscando adversidades de toda índole, para demostrar que son valientes, hábiles, inteligentes, poderosos y exitosos. El hijo de Dios, tiene la sabiduría de su Padre, para evitar las adversidades, (enfermedades, deudas, tensiones familiares, laborales, etc.) eludirlas quizá, no te hace temerario, pero tampoco cobarde ni fracasado. Ahora bien, si vienen a ti, tienes que enfrentarlas.

- **El que huye de toda adversidad es fracasado.**
  Por lo menos hay dos clases de adversidades: Evitables e inevitables.

**Las evitables**: son las circunstancias que exigen que continúes por orgullo, necedad e inmoralidad. Si el sentido común, la sabiduría bíblica, el consejo de gente sabia, que te ama,  indican que no persistas, toma el consejo y ríndete, no es símbolo de fracaso. Ahora bien, no niegues la realidad, cierra debidamente el capítulo e inicia con una nueva dirección de Dios. Hay algunos negocios, relaciones laborales, sentimentales (noviazgos) e interpersonales que son mejor terminarlos, que continuarlos.

**Las inevitables**: son las circunstancias que se dan en un contexto ético, sabio  y necesario, que lo que requieren son persistencia y fe. Huir de estas adversidades, actuando como si no existieran o simplemente desaparecer, si es evidencia de fracaso. No puedes huir de la adversidad en tu matrimonio, salud, economía y vida espiritual, tienes que enfrentarla hasta que venzas. *"La mayoría de la gente gasta más tiempo y energías en esquivar los problemas que en tratar de resolverlos."* *Henry Ford*

Hay quienes teniendo todo de su lado, tienen a Dios, gente que las aprecia, sin embargo, se ponen la máscara de la derrota antes de iniciar la batalla. Detectemos algunos síntomas de las personas vencidas:

## Las expresiones de la máscara de la derrota

- Te sientes vencido, aunque no hayas fracasado.
- Rehusas enfrentar la adversidad inevitable.
- Buscas la adversidad evitable.
- Pierdes la esperanza.
- Te sientes solo.

Todas las personas pasamos adversidades, y cuando

estamos en ellas pensamos que nunca saldremos de ese túnel obscuro. La adversidad forma parte de la vida e inevitablemente, nos tropezaremos con ella en algún momento. Cuando eso sucede, lo más importante no es la experiencia que vivimos, sino como la vivimos y lo que hacemos con ella.

El apóstol Pablo sabía que su identidad como hijo, amado, príncipe y amigo de Dios, le daba la seguridad que su Padre estaba con él, aún en lo momentos más adversos. En esta fe, Pablo animó a los cristianos de Corinto a que siguieran persistiendo, que aunque estuvieran derribados, no estaban destruidos. *2 Corintios 4:9*

## Decisiones para romper la máscara del fracaso

- **Cree que Dios quiere que seas exitoso.** *Jeremías 29:11*
- **Acciona, acciona y acciona.** Tú tienes que dar el primer paso: ora, busca, investiga, pide consejo, haz lo que esté a tu alcance, pero acciona. Resiste el pensamiento de quedarte deprimido, encerrado, acostado y llorando.
- **Ora y lee la Biblia para que Dios te hable sobre lo que debes hacer.**
- **Persiste hasta el final.**
- **Mira la adversidad desde una perspectiva positiva.** Como una oportunidad para triunfar y no para fracasar.
- **Ayuda a otros a obtener el éxito.** Te sorprenderás al darte cuenta de que ayudando a otros a alcanzar el éxito, terminarás alcanzando el tuyo, ayudar a otros es el punto de partida para salir adelante.
- **Sé creativo en buscar soluciones:** No te rindas con los obstáculos, estos no son el final de tu

ilusión, supéralos y trata de encontrarles la lección para tu vida. *"No me equivoqué mil veces para hacer una bombilla, descubrí mil maneras de como no hacer una bombilla". Tomas Alba Edison*

¿Te sientes derribado? Es probable que si, sin embargo, hay buenas noticias: ¡no estás destruido! Esta semana activaste tu identidad de hijo, eres su príncipe, amado y amigo de Dios, Él está contigo y te ayudará a vencer el fracaso, ¡persiste!

## Identidad en Acción

Puesto que eres hijo de Dios, hoy:

1.  Haz esta oración: "Mi Padre, muchísimas gracias por darme el regalo de ser tu hijo, amigo y amado. Quiero pedirte que me ayudes a vencer la adversidad, dame fuerzas para persistir, no quiero huir. Me siento derribado, pero hoy me doy cuenta que no estoy destruido y además tú estás conmigo. Sé que me guiarás a bendecir a alguien más para que triunfe. En tu nombre Jesús, reprendo la fuerzas del mal. Y declaro tu palabra que dice: "diga el débil, fuerte soy" y "todo lo puedo en Cristo que me fortalece". En el nombre de Jesús. Amén"

2.  Haz alguna acción, que te demuestre, que no te has dado por vencido.

3.  Visita, llama o escribe a alguien ofreciéndole tu ayuda para que salga de su adversidad.

# 3ra. Semana

# El Socio

## Identidad de líder

Identidad de líder

> "¡Quién se asocia con Dios,
> nunca pierde!" E. Guillén

*"Y como colaboradores <u>con</u> Él, también os exhortamos a no recibir la gracia de Dios en vano;" 2 Corintios 6:1 BLA*

Pablo entiende que un colaborador es quien hace la tarea conjuntamente con otro, además, sugiere esta versión bíblica, más que hacer la tarea de Dios, es hacerla en compañía de Él, es decir, más que ser objeto servil, es ser sujeto digno y respetado por su Señor. En esta semana estaremos conociendo ¡cuánta dignidad otorga Dios a sus colaboradores! que prácticamente, los trata como socios. (latín socius, compañero)

En Costa Rica un joven me preguntó: -"¿A qué atribuye su éxito?", me tomó por sorpresa, nunca lo había meditado, y después de pensar algunos segundos le dije: -"Me asocié con Dios, con una buena mujer y con un equipo leal"-
Ser socio o colaborador, también implica ser líder, sin lugar a equivocaciones, la tarea de transformación de esta sociedad y el establecimiento del Reino de Dios requiere liderazgo. Comprendiéndolo de otro modo, en nuestra identidad de ser humano, Dios nos delegó sojuzgar y

goberar *(Génesis DHH 1:28)*; y en nuestra identidad de hijos, nos encomendó la gran comisión de hacer discípulos *(Mateo 28:19)*. Estas tareas resultarían difíciles de realizar sin Dios y sin el don de liderazgo. Él no esperaría a que desarrollaras tu vida y que incidieras e influyeras en tu contexto familiar, social, eclesiástico y nacional, si no hubiese depositado en ti la "doble semilla" de liderazgo. Como humano: gobernar; y como su hijo: discipular.

¡Buenas noticias! Por poco calificado que te consideres, eres socio de Dios. Él te ha hecho un líder. No hay pretexto ni excusa, por tu identidad de humano y de hijo eres un líder en compañía de Dios para transformar alguna situación adversa.

Prepárate, porque en estos siguientes siete días, tendrás un viaje emocionante a través de los principios bíblicos que te permitirán conocer y activar tu identidad de líder. Además, conocerás los poderes, privilegios y responsabilidades que te da esta asignación: 1. Alinea tu visión, 2. Usa una estrategia efectiva, 3. Afirma tu carácter, 4. Sigue progresando, 5. Posee actitud de discípulo, 6. Edifica con tus virtudes. 7. Cultiva a otros líderes.

# ALINEA TU VISIÓN

"Una visión que no surge
en el corazón de Dios,
tiene el riesgo de convertirse
en una dañina ambición" E. Guillén

*"Donde no hay visión, el pueblo se extravía;*
*¡dichosos los que son obedientes a la ley!."*
*Proverbios 29:18 NVI*

El vocablo "dabar" que se traduce como visión implica "palabra, prometer y declarar." Es decir, la visión es una palabra o promesa que surge en el corazón de Dios, expresando su buen deseo, para el futuro de una persona o comunidad.

La visión es un cuadro mental de lo que puede llegar a ser alimentado por lo que debe ser. Es la combinación de nuestras capacidades mentales y físicas más las emocionales y morales. No es un asunto, solamente de tus habilidades, que demuestra que lo puedes hacer, sino de tu responsabilidad moral, que implica que lo debes hacer.

**Dibuja la visión.** Todo ser humano tiene el regalo de soñar y de dibujar una visión. De la historia del profeta Habacuc aprendemos 5 principios para dibujar la visión. *(Habacuc 2:1-3)* 1)Recibe la visión divinamente. 2)Escribe la visión creativamente. 3)Declara la visión constantemente. 4)Créela apasionadamente. 5)Espérala pacientemente.

La visión es una cualidad indispensable, que

caracteriza a los líderes. El privilegio de un líder es buscar y encontrar esa visión, "palabra" de Dios para su vida, familia y sociedad o comunidad. Algunos se han confundido, pensando equivocadamente, en un estereotipo fabricado por la publicidad y ego humano, donde la apariencia sobresaliente y el fino vestuario o el estilo de voz son las características importantes de un líder exitoso. Sin embargo, aunque esto tiene su lugar, no es así, poseer un cuadro mental de lo que puede llegar a ser, alimentado por el sentimiento de lo que debe ser, es lo que caracteriza a todo líder.

Algunas personas usan máscaras que distorsionan la identidad de líder que Dios ha puesto en ellas. Los dos extremos equivocados, 1. La máscara de seguidor: pensar que Dios nunca le dará visión y que no lo usará para transformar y ayudar a otros. Saúl el primer rey de Israel personifica a este tipo de personas o líderes. Dios queriendo usarlo para gobernar y él escondiéndose. *(1 Samuel 10:22)* 2. La máscara de tirano o mal líder: Aquellas personas que tienen una gran visión pero están desconectadas de los deseos divinos, aprovechan sus virtudes para conseguir intereses personales. El caso de los falsos profetas que eran líderes espirituales y en cierto sentido gobernaban dando "palabra" o visión a los reyes. Como es el caso del falso profeta Hananías, que con dudosas "visiones de Dios", influía en el rey Sedequías, para granjearse la amistad del gobernante y obtener un beneficio personal. *(Jeremías 28)*

## Gestos de la máscara del líder tirano

- Posee una visión egoísta. Primero busca su beneficio y por último el de los demás, usando sus talentos y virtudes para aprovecharse o dañar a las personas.

89

- No consulta ni depende de Dios. No invierte, ni disfruta tiempo orando, ayunando y leyendo la Palabra.
- Habla en nombre de Dios cuando Él no le ha mostrado nada.
- A la postre lleva a sus seguidores al fracaso.
- Intimida con represión y órdenes absurdas en lugar de inspirar con argumentos razonables.
- Provoca y deja que lo magnifiquen. Le gusta ser el centro de atención.
- Manipula a las personas en nombre de Dios. Inventa y tergiversa principios bíblicos y usa mal los dones espirituales para convencer a las personas para sus fines.

En esencia, la visión de Dios desde el principio ha sido bendecir, ayudar y mejorar al hombre de una manera integral. *Génesis 1:28 DHH "y les dio su bendición: ... y gobiérnenlo..."* La clave para cumplir esta visión, no implica únicamente tener hijos y llenar la tierra, sino saberla *gobernar*. Este vocablo envuelve, según sus raíces griegas y latinas: pilotear, conducir, dirigir, presidir y liderar un barco. Es decir, la figura es navegar el bote hasta puerto seguro. Dios te ha concedido la identidad de líder para que tripules el "barco" (vida, familia, ministerio, empresa, equipo, grupo o nación) hasta tierra firme y bendecida.
Dios quiere desarrollar la semilla de liderazgo que ya está en ti, no tienes que hacer nada para ser líder, ya lo eres, mucho menos demostrarlo; no obstante, puedes y debes alinear tu visión a la visión divina, para ti, los tuyos, familia y comunidad.

## Acciones para alinear tu visión

- Compara tu visión con la visión de Dios.
- Acepta que Dios quiere bendecirte para que

bendigas a otros.

- Purifica tu visión con los valores cristianos: la verdad, generosidad, justicia, respeto, amor y bien común.
- Alimenta tu visión leyendo la Biblia.
- Elimina las deseos egoístas, detectándolos y pidiendo perdón a Dios.
- Conecta la realidad divina (los deseos y valores cristianos) a la realidad humana (las necesidades, dolores y desgracias sociales, psicológicas, espirituales y físicas.
- Invierte las tres "T": tiempo, talento y tesoro en mejorar a otros.

## Identidad en acción

Puesto que eres un líder, hoy:

1. Haz esta oración: "Gracias Dios por haber puesto en mi la semilla de liderazgo para gobernar mi vida y donde haya necesidad. Ayúdame a alinear mi visión a la tuya, limpio mi corazón de motivaciones egoístas. Me comprometo a ser guardián de la visión, deseo que me uses para transformar integral y positivamente mi vida, la de los que me rodean, mi iglesia y mi nación. Amén".

2. Escribe en dos líneas una visión para cada uno de estos aspectos: espiritual, familiar, económica, física, educativa y ministerial.

3. Comunica tu visión por lo menos a tres personas sabias y maduras.

4. Suma cuantos serán bendecidos cuando logres tu visión.

5. Mide tu liderazgo por cuanto has avanzado en tu visión y no en la comparación del avance o estancamiento de tu colega más cercano.

# EMPLEA UNA ESTRATEGIA EFECTIVA

"Visión sin acción es ilusión;
acción sin visión es frustración;
pero visión con acción
produce transformación." E. Guillén

*"La guerra se hace con buena estrategia; la victoria se alcanza con muchos consejeros." Proverbios 24:6 NVI*

**L**a cola del pescado. La señora al cocinar el pescado le cortó la cola y lo puso en la sartén. La niña, observándola le preguntó: -"Mamá ¿por qué cortas la cola al pescado?" –Ella contestó: "porque así lo hacía mi mamá". La niña salió corriendo a la sala y le preguntó a la abuelita. –"¿Por qué cortabas la cola del pescado cuando lo cocinabas?" y -la anciana contestó: "Porque así lo hacía mi mamá". La niña, frustrada e intrigada, corrió a la habitación donde descansaba la bisabuela e hizo la misma pregunta: -"¿Por qué cortabas la cola del pescado cuando lo cocinabas?. -La ancianita bisabuela le contestó: "Porque la sartén era muy pequeña y el pescado no cabía".

92

Esta historia pintoresca, señala que a veces hacemos las cosas y no sabemos porqué. Probablemente, algunas visiones no has logrado realizarlas, por no haber elaborado una estrategia, o bien no estás empleando una estrategia efectiva. El día anterior hablamos de la visión y sus características. La visión concierne al "por qué" y al "qué". Ahora vamos a analizar, el "cómo", es decir, la estrategia, el conjunto de acciones planificadas con anterioridad para alcanzar una visión.

*Proverbios 24:6* sugiere que el triunfo en una guerra es el resultado de una buena estrategia. Todos comprendemos que las batallas, son asunto de vida o muerte, por lo que es fácil convencerse de la importancia de invertir tiempo, esfuerzo y dinero con anticipación para elaborar un buen plan. Sin titubear, la mayoría de nosotros no escatimaríamos esfuerzos para salvar la vida.

Puede ser que no te parezca de "vida o muerte" la relación con tu cónyuge, hijos, colegas, equipo o tu economía, salud, vida espiritual y todos los otros aspectos del diario vivir; sin embargo, te aseguro, que un pequeño cambio en la forma (estrategia) en que haces las cosas te puede dar una mejora sustancial y al final una gran victoria.

## Razones equivocadas para no emplear una nueva estrategia

- Por pensar que es suficiente la inteligencia, valentía y experiencia.
- Por orgullo y no dar el brazo a torcer.
- Por comodidad y negligencia.
- Por desconocer los resultados negativos y no tener un proceso de evaluación.

- Por negar la realidad de los malos resultados y escuchar adulaciones.
- Por resistencia al cambio. Por naturaleza, los humanos se oponen al cambio. Es un error pensar que son los seguidores los que se oponen a los cambios, realmente son los líderes en mandos medios los que se resisten a las nuevas visiones.
- Por subestimar la visión. No creer que la visión es muy importante, por no creer que es "de vida o muerte".
- Por temor a lo desconocido y cansancio para principiar otra vez.

Yo sabía que la visión familiar de Dios para mi matrimonio y mis hijos implicaba amistad, respeto, amor y comunicación. Sin embargo, por sabios comentarios de mi esposa, en la adolescencia de mi hijo, percibí que tenía una débil comunicación con él. Concluí, que yo era el responsable, puesto que la manera y energía que estaba invirtiendo en nuestra relación era poca. En oración, determinación y diálogo con mi esposa elaboré una estrategia y por dos años me mantuve enfocado trabajando en ella. Con sinceridad y con mucha gratitud a Dios, puedo testificar que dio resultado. Desde entonces, cada día disfruto de una mejor amistad con él.

Es probable, que este sea un buen momento para reflexionar si la visión de Dios en los diferentes aspectos de tu vida: economía, salud, familia, vida espiritual, etc., se está cumpliendo. Tú eres el socio de Dios, Él te hizo un líder para gobernar con éxito tu vida integral y como tal, puedes elaborar y usar una buena estrategia.

# Pasos para elaborar y emplear una nueva estrategia

- Invierte tiempo con anticipación para investigar y planificar tu estrategia.
- Observa formas que otros están usando y extrae sus principios fundamentales.
- Pide consejo a personas que dominen el campo acorde a tu visión.
- Lleva un control diario, semanal, o quizá mensual, del desarrollo de tu estrategia y corrobora si estás acercándote a la realización de la visión.
- Forma un equipo, si el tamaño de tu visión lo amerita. Con fe y paciencia elígelos, capacítalos y empodéralos.
- Mantén una mente abierta y flexible en el transcurso del proceso para ajustar la estrategia.
- Cambia la estrategia, si después de un tiempo considerado y en consenso con tu equipo lo creen necesario.

Abraham Lincoln dijo: "Dame seis horas para cortar un árbol, y dedicaré las primeras cuatro horas para afilar el hacha" (1) Es importante, antes de ir tras la consecución de la visión, elaborar y "afilar" los elementos que usaremos en el plan de acción. Dios nos modela en la creación del mundo. El empleó con orden un plan estratégico, en **Génesis 1** vemos que cada día, del primero al quinto, Dios fue creando el hábitat idóneo y extraordinario para la vida humana y hasta entonces creó su obra maestra, el hombre.

## Identidad en acción

Puesto que eres líder y socio de Dios, hoy :

1. Haz esta oración: "Amado Padre, gracias por hacerme un líder y por la visión integral que has puesto en mi corazón, porque me produce entusiasmo. Quiero pedirte que me ayudes, dame sabiduría y humildad para reflexionar si la forma en que estoy gobernando y liderando mi vida es la mejor, te pido en el nombre de Jesús que me ayudes a ajustar, mejorar mi estrategia y si tengo que cambiar de plan confírmame a través de tu Palabra, la voz de tu Espíritu, evaluación objetiva y personas sabias. Gracias por no dejarme solo y hacerme tu socio. Descanso en tus promesas. Amén. "

2. Pide consejo, exponiendo tu visión y plan a un experto bien intencionado.

3. Elabora o revisa tu estrategia devocional: Determina la hora, el lugar de oración y lectura de la Biblia.

4. Elabora o revisa tu estrategia familiar y de crecimiento personal. Días y formas de atender a tu familia, personas y libros a los que te expondrás.

5. Elabora o revisa tu estrategia en el área de tu vida, que menos frutos has tenido.

Identidad de líder

# Día 17

## AFIRMA TU CARÁCTER

"Casi todas las personas
pueden soportar la adversidad,
pero si quieres poner a prueba
el carácter de una persona,
dale poder." Abraham Lincoln

*" No va bien con los necios el lenguaje refinado,
ni con los gobernantes, la mentira." Proverbios 17:7 NVI*

**Un líder de barro.** En mi juventud tuve la oportunidad de conocer a un joven que parecía tener todas las características innatas de un gran líder, tenía el carisma natural para ser seguido por hombres y mujeres, poseía una persuasión natural. Sin mucho esfuerzo podía lograr que las personas hicieran lo que él quisiera, sin dar nada a cambio. Tenía poder de convocatoria . Todos nos sentíamos a gusto  bajo su liderazgo, hasta que salía el verdadero personaje, aquel escondido detrás de la máscara del liderazgo. Cuando comenzábamos a trabajar con él formalmente para llevar a cabo proyectos, nos percatábamos que era un liderazgo de barro, sin fuerza, propenso a rajarse y a quebrarse,

97

porque no tenía  la solidez que necesita todo liderazgo: CARÁCTER. Hay muchas personas que traen excelentes dotes naturales de liderazgo (como mi amigo en mención) pero cuando aflora su verdadero carácter, su verdadero yo, todo ese edificio de repello estético (mal llamado liderazgo) se desploma porque por dentro es de barro.

La visión de Daniel sobre la estatua hecha de diferentes materiales *Daniel 2:32 "La cabeza de esta imagen era de oro fino; su pecho y sus brazos, de plata; su vientre y sus muslos, de bronce; 33. sus piernas, de hierro; sus pies, en parte de hierro y en parte de barro cocido."* Entendemos que cada parte del cuerpo representa un reino mundial distinto, los cuales al final de los tiempos, serán destruidos por el reino eterno de Cristo.  La intención en este día no es hablar de las profecías finales. Solamente, quise tomar la imagen, como una analogía de liderazgo. La cara  es de oro, los brazos y manos son de plata, es lo que todos miran de nosotros; pero lo que cubrimos, el vientre y las piernas son de bronce y los pies son de barro. Precisamente, la parte del cuerpo que mantiene erguido el cuerpo, los pies, hechos del material más frágil. *Daniel 2:42 dice: "Y por ser los dedos de los pies en parte de hierro y en parte de barro cocido, el reino será en parte fuerte, y en parte frágil."*

## Un líder con pies de barro

- **Es mandón**. Con tono imponente ordena como si sus colaboradores son sus súbditos.

- **Es orgulloso**. Se siente superior y ve a los demás para abajo.

- **Es inestable**. Un día está muy amable y otro día no habla por estar enojado. Cambia según su estado anímico.

- **Es hipócrita**. Puede percibirse la falsedad en su mirada y al hablar.

- **Es interesado**. Su liderazgo parece estar hecho para sacar provecho personal de los demás.

- **Es egoísta**. Quiere que todo gire a su alrededor.

- **Es mentiroso**. No cumple  y si puede alterar la verdad, lo hará.

- **Es calumniador**. Hablará mal de unos para poner a todos en contra.

- **Es vicioso**.  Pierde el dominio de sí y cae en la irresponsabilidad.

Recuerda, si quieres ser un buen líder pon una buena base teniendo carácter firme. Permíteme usar la analogía entre el liderazgo y un edificio alto. Los dotes naturales de liderazgo son como el exterior, la fachada del edificio, alto, bello, con hermosos  ventanales, pero si ese edificio en lugar de estar construido con hierro y cemento está construido con barro, esa mega construcción no va a permanecer y se va a desplomar rápidamente.

Ese edificio puede significar el carisma, el don de gente, el don de mando, la capacidad de persuasión, la intuición y la inteligencia. Pero los materiales de los que está compuesto (hierro y cemento) son el carácter interno del líder, ese que da solidez y seguridad es decir la veracidad, la competencia, la sobriedad etc. Un gran líder pero con carácter débil es como un gran edificio sin cimientos y con paredes de barro.

El carácter íntegro fortalece tu liderazgo. Hay

varios factores que son parte del carácter que son muy importantes en la vida de quienes pretenden alcanzar algún grado de liderazgo. Ya sea que seas madre, padre, hermano, que estudies, trabajes o pretendas tener éxito en la vida, eres un líder que necesita tener la solidez del carácter. Algunos elementos del carácter son : templanza, veracidad, comunión con Dios, paciencia, capacitación, etc. Pablo instruye a su discípulo Timoteo con respecto al carácter de los líderes y colaboradores hombres y mujeres en la iglesia. *1 Timoteo 3:1-12*

## Un líder con pies de oro

- **Es templado.** La templanza da estabilidad a tu liderazgo. Sé una persona estable en tus emociones y tu liderazgo se afirmará. Tus colaboradores no tendrán que preocuparse en pensar ¿Cómo habrá amanecido hoy?

- **Habla la verdad.** La verdad da seguridad a tu liderazgo. Si inspiras confianza todo avanzará, pero ¿Quién desea creer en alguien que miente?

- **Mantén comunión con Dios**. La comunión con Dios sella tu liderazgo: Orar y leer su Palabra todos los días nos afirma en el lugar que Él nos ha puesto.

- **Sé ejemplo.** El ejemplo da prolongación a tu liderazgo. Antes de todo, tienes que practicar lo que dices, pues los demás aprenden más de lo que haces, que de lo que dices.

- **Ten paciencia.** La paciencia da fortaleza a tu liderazgo: Para ser verdadero líder no hay que ser impaciente, el líder que estalla en ira pierde el respeto de los demás.

- **La capacitación.** La capacitación da profesionalismo a tu liderazgo. Debes mantener una actitud dispuesta a aprender siempre, pues si dejas de aprender dejarás de liderar.

¿Cuándo piensas en liderazgo, en quién, dónde y en qué estás pensando? Espero que estés pensando en ti y en tus roles aplicados al hogar, oficina, taller, centro de estudio, campo de futbol, iglesia y donde quiera que te relaciones. Dios puso la "doble semilla" de liderazgo, eres su socio, colaborador y líder. No importa si eres hombre o mujer, niño o anciano, si tienes un carácter firme tendrás seguidores. ¡Levántate, transforma y bendice al mundo!

## Identidad en acción

Puesto que eres líder y su socio, hoy:

1. Haz esta oración: "Mi Dios, gracias por haberme hecho un líder, por darme la capacidad de influir y bendecir a otros. En esta hora, quiero pedirte que me ayudes a ser un líder íntegro, con "pies de oro", con carácter firme. Perdona mis faltas, debilidades y pecados, me arrepiento y en tu nombre Jesús, me mantendré firme. Amén."

2. Si ofreciste llamar, escribir o reunirte con alguien en este día, cumple y llega puntual.

Identidad de líder

## SIGUE PROGRESANDO

"Envejecer es natural pero crecer
es intencional" John Maxwell

*"4...que tuvieran aptitudes para aprender de todo y que
actuaran con sensatez; jóvenes sabios y aptos para el
servicio en el palacio real, a los cuales Aspenaz debía
enseñarles la lengua y la literatura de los babilonios.
17. A estos cuatro jóvenes Dios los dotó de sabiduría
e inteligencia para entender toda clase de literatura y
ciencia." Daniel 1:4, 17 NVI*

**L**a edad no es excusa. José Luis Iborte Baqué de 83 años, de Zaragoza España, es un hombre que a base de sacrificios, desvelos, paciencia, constancia y de dormir cuatro horas diarias a sus 83 años figura en primer lugar como candidato al ingreso en el libro Guinness, por sus diecisiete títulos universitarios. Es filósofo, abogado, doctor, geógrafo, historiador, economista, etc. A eso se suman sus tres doctorados.

Este es el ejemplo de un hombre que ha dedicado toda su vida al estudio y que ha logrado tener muchos títulos.

Es un ejemplo de constancia, perseverancia y de una mente dispuesta al cambio y receptiva a la información. Probablemente no sea el ideal de cada persona exitosa, pero si es un ejemplo de una actitud de progreso.

Daniel y sus amigos, también son un ejemplo de progreso. Ellos se habían instruido en Judá y eran jóvenes inteligentes y con prestigio, no obstante, el exilio a Babilonia los obligó a volver a estudiar las ciencias y lengua de la nueva cultura. (Pienso en nuestros familiares y amigos latinos en Estados Unidos de América y en Europa). Para nosotros que estamos en nuestra propia cultura, es aún más fácil, seguir preparándonos para progresar. Hay varios e interesantes  principios a aprender en la historia de Daniel. Primero: Si quieres progresar e ir a otro nivel tienes que seguir preparándote. *Daniel 1:4.* Segundo: Dios quiere y puede bendecirte dándote sabiduría. *Daniel 1:17.* Tercero: Para instruirte debes tener una actitud enseñable.

## Razones por las cuales debes instruirte

- Porque el mundo es cambiante y la información se transforma de manera cada vez más acelerada.
- Porque el estudio mejora la calidad de vida.
- Porque el conocimiento faculta a la persona a ejercer su área de trabajo de mejor manera.
- Porque deseamos dejar un legado de bien a nuestros hijos.
- Porque la Biblia dice que la gente muere por falta de conocimiento.
- Porque quien no está dispuesto al cambio está dispuesto a desaparecer.
- Porque eres líder y tu privilegio es inspirar, enseñar y pilotear tu barco (vida, hogar, empresa, equipo, círculo familiar o iglesia) en los desafíos de las aguas modernas y tecnológicas del siglo XXI.

Timoteo fue urgido por Pablo a que se dedicara a

la lectura para que él y sus discípulos se beneficiaran de su progreso. *1 Timoteo 4:13,15.* El maestro, médico, ingeniero, mecánico, panificador, político, músico, artista, pastor, padre, madre, etc., en suma, todo aquel que es líder y ocupa posiciones de liderazgo debe seguir instruyéndose para seguir progresando.

Berlin Madrid de Guillén, mi esposa, en su libro "La Receta de Mujeres Exitosas" habla de la necesidad de la instrucción en la mujer. Y estos principios pueden aplicarse a la educación en general.

*"Considero firmemente que la educación es un elemento crucial en el desarrollo exitoso de un individuo. La vida ahora es ajetreada y compleja. La superación en la vida requiere mucho mas esfuerzo que antes. Nos hacemos grandes, pero eso no es señal de que hayamos madurado y aprendido. Hay personas que a pesar de su edad son tan inmaduras, y tienen pensamientos tan cortos, por lo tanto su plática y expresiones son muy lacónicas. Es por eso que insisto en que las personas deben superarse, crecer e informarse. No importa que manera escoja, instrúyase, instrúyase, instrúyase, de manera simple o de manera compleja adquiera conocimiento.*

*Pero las personas no siempre encuentran un placer en la adquisición del conocimiento, por ejemplo si toman un periódico se dirigirán a la sección de anuncios comerciales para buscar "las ofertas" y a la sección femenina con todos los "tips para mujeres", o a la sección deportiva o de entretenimiento. No es usual que las personas se interesen por los artículos, el editorial y la sección económica. Allí empieza nuestro desinterés en educarnos."* (1)

Hay muchas razones y algunas pocas excusas para no seguir preparándose y estudiando. Algunas de ellas han sido: la edad, la distancia, los compromisos hogareños, la falta de visión, y la economía. Quizá, por eso John Maxwell apunto la máxima: "Si usted cree que la educación es cara, pruebe la ignorancia." El progreso tiene un precio: inversión económica, intelectual, emocional y de tiempo. De hecho, tú has invertido tiempo y dinero al adquirir este libro y estar leyéndolo. Veamos algunas decisiones que las personas que no siguieron en la universidad pueden hacer para progresar.

## Decisiones prácticas para que progreses sin haber ido a la universidad

- Tener una actitud dispuesta a aprender.
- Leer la Biblia pues es el mejor libro de aprendizaje.
- Escuchar a personas expertas en la materia.
- Aprender de los hijos (principalmente en tecnología).
- Leer libros y revistas instructivas.
- Asistir a seminarios.
- Escuchar a ancianos con experiencia.
- Observar la cultura y sus comportamientos sociológicos.

Reconozco que en nuestro contexto latinoamericano, pocos han alcanzado grados universitarios y que son millones las personas que han suspendido sus estudios en los niveles básicos y primarios. ¡Desdichadamente más mujeres que hombres! Sin embargo, hay muchas maneras de seguir progresando e instruyéndose.

No te sientas inferior por no haber seguido estudiando, tú vales por quien eres y lo que has aprendido en la vida hasta aquí. Quiero felicitarte, porque has llegado al día 18 de esta lectura y esto demuestra una gran actitud de progreso en tu vida.

## Decisiones prácticas para que progreses sin haber ido a la escuela

- Sé humilde para aprender lo que tus hijos puedan enseñarte.
- Ve y escucha programas educativos por T.V.
- Lee el periódico y principalmente los artículos.

- Escucha a personas que sepan más que tú.

Dios compara la vida de sus hijos, socios y justos, a la luz de la aurora, que va en aumento hasta que el día es perfecto. *Proverbios 4:18* Es decir, Dios espera y desea que progreses y que vayas en aumento desarrollando tu potencial. Él te dará sabiduría como a Daniel si eres disciplinado y dedicado.

## Identidad en acción

Puesto que eres líder y socio de Dios, hoy:

1. Haz esta oración: "Mi buen Padre, gracias por haber puesto dentro de mi el don del liderazgo, gracias porque puedo influir donde estoy. Quiero pedirte que aumentes mi sabiduría, como lo hiciste con Daniel. Tu Palabra dice: que si alguno tiene falta de sabiduría y te la pide, tú la darías sin reproche. En esa fe, te pido mucha sabiduría. Despierta en mi el deseo de seguir progresando y provéeme de salud física, emocional, mental y económica. Hazme sabio para seguir gobernando y liderando a los que me rodean. En el nombre de Jesús. Amén"

2. Lee por lo menos tres capítulos de la Biblia antes que termine el día. (Leyendo tres cada día y cuatro el fin de semana leerás la Biblia en un año. La Sociedad Bíblica tiene diferentes guías para hacerlo. En la Iglesia Lluvias de Gracia Sede, hemos tomado una de esas guías, además llevamos una agenda: "El diario de mi libertad" donde anotamos lo que Dios nos dice cada día.)

3. Decide leer de 6 a 12 libros por año que te ayuden a crecer como persona.

4. Llama por teléfono o navega por Internet buscando el centro de estudios donde te inscribirás para el siguiente ciclo.

Identidad de líder

# Día 19

# POSEE ACTITUD DE DISCÍPULO

"Cuando el alumno está listo
aparece el maestro" Platón

*"Aconteció que estaba Jesús orando en un lugar,
y cuando terminó, uno de sus discípulos le dijo: Señor,
enséñanos a orar, como también Juan
enseñó a sus discípulos." Lucas 11:1*

**Tomás Edison y la "esponja".** Era invitado del gobernador de Carolina del Norte cuando el político lo elogió por su genio creativo. -"No soy un gran inventor dijo Edison", -"Pero usted tiene mil patentes, le dijo el gobernador", -"Si pero la única invención que realmente puedo decir que es absolutamente original es el fonógrafo", replicó Edison. -"Me temo que no le entiendo" le dijo el gobernador. -"Bien, supongo que soy una buena esponja y absorbo ideas que pongo después en práctica. Luego las mejoro hasta que lleguen a tener algún valor. Las ideas que utilizo por lo general son ideas de otras personas que no fueron desarrolladas".

Vemos como este gran científico tenía la suficiente

humildad para reconocer el origen de las ideas, también podemos observar su capacidad de seguir aprendiendo y ampliando sus conocimientos. Ayer, aprendimos que nuestra identidad en Dios, conlleva el deseo de progreso y este requiere instrucción y disciplina. Enfatizamos el deseo de aprender. Hoy destacaremos, la actitud de un alumno, no ante la enseñanza, sino ante un maestro.

En los deportes, observamos que cada jugador es dirigido por un entrenador, quien lo dirige en los juegos y en los entrenamientos. En algunos deportes, es conocido como: director técnico. En la filosofía griega y en la judía, los alumnos de los maestros, eran llamados: discípulos. Los discípulos no existían sin maestros y éstos sin los otros. La relación era integral, profunda de afecto y conocimiento. Así que, ser discípulo requería de otro, de alguien mayor, en conocimiento y experiencia, y no solamente de edad. El discípulo aprende una doctrina, ciencia o arte dirigido por un maestro, mostrando hacia él respeto, admiración y sujeción.

Son varios los casos de jugadores profesionales, que por su carácter irrespetuoso e indisciplinado en contra del entrenador y la institución son sancionados o transferidos a otros equipos. Hay gente con increíble talento pero con poca actitud de discípulo y por ignorancia o arrogancia se ponen máscaras y pierden la oportunidad de disfrutar el afecto, experiencia y sabiduría de un maestro. No importa que gran líder eres, o cuantos años tienes, todos necesitamos tener una buena actitud de alumno.

## Acciones de alguien que no tiene actitud de discípulo

- Actúa como si lo sabe todo.

- Muestra resistencia al aprendizaje.
- Actúa y piensa como quien lo puede hacer todo.
- Muestra excesivo deleite en el ocio, y frustración al tener que estudiar.
- Está a la defensiva ante cualquier crítica.

Aunque los apóstoles de Cristo tuvieron momentos de debilidad y huyeron en su muerte, no obstante, mostraron buena actitud durante los tres años del ministerio del Señor y después de la resurrección, hasta entregaron su vida por su Maestro. En una ocasión los discípulos, al terminar Cristo de orar, le pidieron que les enseñara a orar **(Lucas 11:1)**. Esta expresión demuestra una actitud de un verdadero alumno: humildad al reconocer que su Señor sabía algo que ellos no sabían.

Una de mis atracciones ha sido el básquetbol, a los 15 años me sentí atraído a este deporte. Comencé a jugar empíricamente "veintiunitos" en la cancha atrás de mi casa, así como la mayoría de niños aprenden, sin instructor e instrucción. A los pocos meses organizamos un equipo y tuvimos necesidad de tener un entrenador. Tuve la dicha que mi entrenador, Rony Ruiz, me transmitió toda la técnica que sabía. Me enseñó a "tripliar" con la mano y el pie derecho e izquierdo, a tirar la pelota flexionando las rodillas, a poner el pie y codo derecho en dirección al aro, etc. Me enseñó a jugar el deporte de mis "amores", por lo que guardo tanto aprecio y gratitud, que he colocado su nombre en este libro. Pero también, debo confesar, que hubo días, principalmente cuando me gritaba y exigía que volviera hacer el ejercicio, que tuve deseos de tomar actitudes negativas, hasta pensé en dejar el entrenamiento. Pero no fue así, aprecié y aproveché la oportunidad de tener un "maestro" que me instruyera.

El mejor entrenador de todos los tiempos del

básquetbol universitario de los Estados Unidos, John Wooden, dijo: "Todo lo que sabemos lo hemos aprendido de otra persona." Probablemente, no se aplique a todos, pero sí a la mayoría de nosotros, y no en el deporte únicamente, sino en la vida total.

He tenido un buen padre, Carlos Guillén, quien me enseñó a amarrar los zapatos, rasurarme, a manejar un vehículo, etc. El forjó mi carácter, concediéndome la actitud de ser respetuoso a la autoridad. Así, que no ha sido muy difícil tener actitud de discípulo ante mi pastor y líder, Edmundo Madrid. (aunque, sinceramente debe ser él quien respalde esta actitud).

Quizá, mi pasión más desarrollada y fuerte es la predicación. Desde los 14 años escuchaba una y otra vez un audio casette del evangelista Yiye Avila, todavía recuerdo las 24 veces que gritó en la  prédica "alerta pueblo, que el fin se acerca". Esperaba que llegaran las 11:00 P.M.  para sintonizar, en radio Cultural, la elocuencia de Juan Bounstra en el programa "La Hora de la Reforma". Disfruté a mi pastor al repetir de memoria, decenas de veces, largas secciones de la Biblia. Todavía recuerdo mi admiración cuando repitió ¡toda la historia del hijo pródigo! La expresión "me motivan sus amenes" que suelo usar cuando predico, la aprendí de mi amigo el pastor Juan Sariñana.  Me ha complacido escuchar la elocuencia del pastor Harold Caballeros. En fin, podría seguir compartiendo esa actitud que he tenido, no solo ante el mensaje, sino ante el mensajero.

Quizá, usted se preguntará: ¿Todos esos ministros lo inspiraron y enseñaron en su inicio pero ahora quién lo estará inspirando? Pues bien, para ser sincero, disfruto y aprendo de todo buen comunicador. Hace pocos días me deleité viendo y escuchando el contenido y la elocuencia del pastor John Ortberg en una conferencia que dictó en el 2012 en Chicago.

# Decisiones para ser discípulo.

- **Decide aprender toda la vida.** Capacidad de autosuperación. Busca maneras de aprender. Aunque tengas muchas virtudes debes mostrar una capacidad insaciable de aprender, debes siempre estar dispuesto a escuchar mas que hablar.
- **Decide rendir cuentas:** El discípulo debe estar dispuesto a rendir cuentas de lo que se le está enseñando. Tiene que aceptar la intervención de su mentor en lo que atañe a lo aprendido.
- **Decide tener una actitud humilde:** No puedes ser enseñado siendo altivo y soberbio.
- **Decide ser obediente:** El discípulo debe obedecer, la obediencia va de la mano con la capacidad de aprender. El desobediente no incrementa su conocimiento.
- **Decide respetar:** Respeta a tus autoridades: padres, maestros, líderes, etc. Actualmente en muchos ámbitos el maestro es visto como igual al alumno para hacer sentir bien a éste, pero si no existe el respeto, que por siglos se ha tenido para el maestro, no puede haber aprendizaje.
- **Decide admirar:** Reconoce y admira a tu maestro. El maestro debe tener virtudes que el discípulo desee alcanzar. Si no está el aspecto de admiración por parte del discípulo el proceso enseñanza aprendizaje no puede darse.
- **Decide ser maduro.** Debes reconocer que tu maestro es vulnerable, puede equivocarse y hay que considerarlo como tal. Y esto no debe desvalorizar al maestro delante del discípulo.
- **Decide practicar lo que aprendes.** El discípulo naturalmente desea accionar el objeto de la enseñanza. Si no hay ilusión de practicar lo aprendido, entonces no hay deseo de aprender.
- **Decide ser agradecido:** Reconoce que el aporte del mentor es muy valioso y no tiene precio.

- **Comparte lo aprendido (Actitud de Mentor):** Luego el discípulo debe compartir estas enseñanzas. No puedes tener una actitud egoísta de quedarte con el conocimiento.

No puedes ser buen primero si antes no fuiste buen segundo. Si deseas obtener éxito tienes que tener actitud de discípulo. Si deseas ser promovido debes aprender y ser obediente con tu superior. El orgulloso, altivo y sábelo todo, no puede tener muchas alternativas de superación. Recuerda Josué fue gran discípulo de Moisés, Eliseo fue gran discípulo de Elías, David tuvo una excelente actitud y respeto con Saúl. Si deseas progresar conviértete en un gran discípulo.

## Identidad en Acción.
Puesto que eres socio y líder de Dios, hoy:

1. Haz esta oración: "Señor Jesús, quiero darte gracias porque me has hecho líder y me sigues motivando a tener las mejores actitudes. Te pido perdón si no he tenido la mejor disposición con mis autoridades, padres, jefes, maestros y líderes. Hoy comprendo que es un regalo tener un líder maduro, sabio y afectuoso. Me declaro tu discípulo, siendo discípulo de un líder que sigue tu Palabra.

2. Decide visitar, llamar o escribir a las personas que te han mentoreado en la vida, principalmente a tus líderes actuales para darles gracias y decide seguir siendo su discípulo.

# EDIFICA CON TUS TALENTOS

"Lo que embellece al desierto es
que en alguna parte esconde
un pozo con agua."
Antoine de Saint-Exupery

*"A uno dio cinco talentos, y a otro dos, y a otro uno,
a cada uno conforme a su capacidad;
y luego se fue lejos." Mateo 25:15*

**E**l **suicidio de un talentoso.** Vincent Van Gogh fue un talentoso pintor con problemas mentales, depresivos y sufría de esquizofrenia. Sus obras fueron reconocidas hasta tiempo después de su suicidio. Este gran talentoso vivió una vida vacía, sin sentido, con poca autoestima. Vivió y murió en soledad. Actualmente dos de sus obras se subastaron entre las diez más famosas del mundo.

El no usar o el mal uso de los talentos causa frustración, decepción y depresión. Como Van Gogh que murió irrealizado sin haber podido conectar su talento a alguna causa noble, lo cual le hubiera dado alegría, satisfacción y realización. Así hay algunos cristianos, aún teniendo identidad de líder, no han logrado activar su potencial. De hecho, el término líder, implica tener talento para influir a otros. Veamos algunas razones por las que algunos líderes no usan sus talentos o los usan inadecuadamente.

## Razones para no usar el talento.

- **Ignorancia**. Desconocen los talentos que poseen.
- **Baja estima**. Ven sus talentos pero creen que son insignificantes.
- **Miedo**. Temen usarlos por temor a fracasar.
- **Egoísmo**. Piensan tanto en ellos que no miran la necesidad.
- **Negligencia**. Saben que usar el talento es trabajar por lo que evitan la fatiga.

Entendemos, que el término "talento" en Mateo 25:14-30, se refiere a una moneda. Aún así, los principios de esta sección bíblica, son compatibles con el concepto "talento" tal como lo entendemos actualmente: la capacidad intelectual y artística para desempeñar una tarea. Los tres trabajadores, de esta historia, recibieron talentos según su capacidad, dos de ellos pusieron en uso los que recibieron, pero uno de ellos lo escondió. Al tiempo el dueño pidió cuentas, premiando a los que usaron sus talentos y castigando al que lo enterró. Dios a ti, en tu identidad de líder te ha dado dones, virtudes y talentos para que cumplas tu asignación de gobernar en donde te ha puesto. Aprendamos algunas verdades del uso de los talentos.

## Seis lecciones de la parábola de los talentos.

- Todos recibieron talentos. Dios no te ha excluido, no te sientas discriminado.
- Cada uno recibió diferente cantidad de talentos. Por

lo menos tienes un talento, aunque creo, ¡que tienes más de uno! Además, la palabra diferente, sugiere diversidad. Tienes diferentes talentos en cantidad y en diversidad al resto de tu familia, trabajo, equipo e iglesia.

* El talento fue dado para que produzca. El término "talentos", implica propósito, uso y multiplicación. El talento que Dios te ha dado ponlo en uso para tu provecho y el beneficio de otros.

* Los trabajadores no eran los dueños de los talentos. Dios es el dueño de los talentos, Él te los entregó para que los administres. Esta perspectiva te producirá humildad y gratitud a Dios.

* El talento será evaluado por el dueño. Tienes que saber que algún día, Dios te pedirá cuentas por los talentos que te ha dado: la voz, sabiduría, experiencia, economía, vehículo, casa, profesión y salud.

* El que usa el talento correctamente es felicitado y promovido. Si usas tus talentos para cumplir el propósito de Dios, de servir a tu prójimo, ten la seguridad que te recompensará, promoverá y abrirá nuevas oportunidades

Pablo dio una increíble luz a los desafíos que giran alrededor de los talentos y dones. Escribió a los cristianos de Roma: *"4. Porque de la manera que en un cuerpo tenemos muchos miembros, pero no todos los miembros tienen la misma función, 5. así nosotros, siendo muchos, somos un cuerpo en Cristo, y todos miembros los unos de los otros. 6. De manera que, teniendo diferentes dones, según la gracia que nos es dada, si el de profecía, úsese conforme a la medida de la fe; 7. o si de servicio, en servir; o el que enseña, en la enseñanza;". Romanos 12:4-7* La analogía del cuerpo humano y sus órganos sirve muy bien para orientar a una organización y las personas que forman sus equipos.

# Diez sugerencias para edificar con tus talentos

1º. Eres miembro del cuerpo de Cristo y ejerces una función especial dentro del mismo.

2º. Tienes una función específica según el "órgano" que representas. Por ejemplo si traes la función de ser ojo es porque vas a ver. Si traes la función de ser oído es para oír.

3º. Tienes el privilegio de descubrir cual es tu talento, para desarrollarlo.

4º. Descubres tu talento analizando ¿A qué pones más atención? ¿Qué haces con mayor facilidad? ¿Qué produce que tu corazón palpite más fuerte? ¿Qué haces sin necesidad de motivación? ¿Qué harías aunque nunca te dieran un pago?

5º. Tienes el deseo de servir a otros mediante los talentos que Él te dio. No es posible que Dios haya puesto en ti grandes virtudes y no sirvan a otros en algo.

6º. Puedes con tu talento aliviar y resolver alguna desgracia humana. Lo cual significa que la habilidad que tienes, no importa cual sea, es útil para alguna necesidad de la raza humana. *1 Corintios 12:7*

7º. Reconoce que Dios hizo en ti una pieza única, irrepetible, irreemplazable donde tu ADN, tu huella digital, los latidos de tu corazón (y muchas cosas más) son únicos en ti.

8º. No debes sentir envidia por otros talentos. Supe de una mujer muy exitosa en los negocios, que cuando era niña, su hermana parecía ser mas bella, mas talentosa, (tocaba el piano y sacaba excelentes punteos) sobresalía en los deportes y era muy amada en la iglesia por su carisma. Y ella se consideraba todo lo contrario a su hermana. Pero ya adultas, ella resultó tener una habilidad innata para los negocios lo que la hizo llegar a ser una millonaria.

9º. No debes imitar otros talentos. Esto sucede cuando quieres hacer lo que otros hacen, o cuando quieres que otros sientan tu pasión y hagan lo que tú haces.

10º. Dios te dio diferentes talentos para que haya una interdependencia con las habilidades de otros, porque Él quiere que tengas relación y comunión con los demás.

Si comprendes que tienes identidad de líder y has aceptado el llamado de Dios de ser su socio, llegas a la conclusión: que no se trata de ti sino de la gente. Es decir, el enfoque no eres tú ni el talento sino la necesidad de las personas. Un buen líder comprende que sus talentos no son para hacerlo importante y famoso sino para el bienestar de otros. *"A cada uno se le da una manifestación especial del Espíritu para el bien de los demás." 1 Corintios 12:7*

Quizá, te sucede como a Moisés cuando Dios lo llamó para una tarea monumental: sacar a Israel de la esclavitud egipcia y llevarlos a una tierra de libertad y prosperidad. El se sentía viejo, tenía 80 años y creía no tener talentos, poseía una simple vara. Es probable que tú te sientas inadecuado por tu edad, género, cultura, educación y economía. Es probable que pienses ¿Para qué puede servir una "vara"?

Sin embargo, Dios te pregunta, como le preguntó a Moisés ¿Qué tienes en tu mano? *Exodo 4:2-5.*

Lo que tienes en la mano es el talento que Dios ha puesto en ti, Moisés tenía una vara. Lo que tienes en tu mano debes consagrarlo para Dios, por muy insignificante que parezca, Moisés puso esa vara delante de Dios. Lo que tienes en tu mano te servirá para edificar a otros, con esa vara Moisés liberó y lideró a un pueblo. *"Llévate este bastón, porque con él harás cosas asombrosas." Exodo 4:17 DHH*

## Identidad en acción
Puesto que eres líder y socio de Dios.

1. Haz esta oración: "Mi Padre te doy gracias, porque me has hecho tu hijo y me has dado talentos para servir a las personas. No menosprecio mi pasado, experiencia, educación y economía, por poco que parezcan te los entrego, bendícelos para que pueda hacer cosas extraordinarias en tu nombre. Ayúdame a descubrir y desarrollar mi talento para ser más efectivo. Ayúdame a tener un corazón sensible para conectar mis talentos a las necesidades de mi familia, iglesia, comunidad y nación. Gracias por hacerme tu socio para hacerle bien a los que me rodean. Amén".

2. Escribe los tres talentos más desarrollados en ti. Lo que te gusta y eres habilidoso.

3. Decide conectar tu talento más desarrollado y usarlo para bendecir a tu familia, amigos, comunidad e iglesia.

Identidad de líder

# Día 21

## CULTIVA LÍDERES

"Las visiones de Dios no mueren
en la ausencia de los líderes,
perduran cuando saben
pasar la estafeta" E. Guillén

*Génesis 1:28 DHH "y les dio su <u>bendición</u>: "Tengan muchos, muchos hijos; llenen el mundo y gobiérnenlo;"*

*Científicos de University College en Londres han descubierto un gen relacionado con la capacidad de liderazgo de una persona, según publica en su último número la revista "Leadership Quaterly". El genotipo, identificado como "rs4950", sería el responsable de determinar, en parte, si alguien será un buen líder o no. Todavía queda por comprender, indicó el experto, la interacción de este gen con otros factores externos, como el entorno en el que un niño se desarrolla. "Pese a que el liderazgo se contemple como un talento que ha de desarrollarse, la genética puede jugar un papel relevante para predecir las posibilidades de ser líder", apuntó De Neve. (1)*

Entendemos que la bendición que Dios otorgó al hombre, según *Génesis 1:28*, implica por un lado, liderazgo al facultarlo para gobernar; pero por otro lado, implica fertilidad al darle la capacidad de reproducirse. El hombre y la mujer líder, Adán y Eva, reproducirían su esencia: humanidad y liderazgo. Adán y Eva reprodujeron lo que eran, líderes. Un líder no reproduce lo que dice, ni lo que hace sino primordialmente lo que es.

Da tristeza leer las historias de grandes líderes con asombrosas virtudes y que hicieron cosas extraordinarias, sin embargo, al desaparecer ellos, sus organizaciones eclesiásticas, políticas, deportivas o empresariales colapsaron y fracasaron por no haber tenido un proceso de sucesión y promoción de liderazgo. Aunque, un líder en teoría tenga la capacidad de reproducirse, hay varios factores que pueden hacer estéril el proceso.

## Indicadores de una máscara estéril

- Un liderazgo hostil de prepotencia, celo y desconfianza.
- Un proceso inconsistente para el desarrollo de nuevos líderes.
- Una visión pequeña y en el peor de los casos pérdida de visión.
- Una errónea y descuidada interpretación de la vida. Líderes que piensan que nunca envejecerán y morirán.
- Una irresponsable práctica de la interpretación del fin. Pensar que Jesús vendrá pronto por lo que no habrá necesidad de preparar a otro.
- Una estrategia que no abre espacios para nuevos líderes.

Hay gratas historias de líderes que casi desde el principio de su liderazgo tuvieron visión, fueron estratégicos, crearon procesos y abrieron espacios para disfrutar el desarrollo de nuevos líderes e incluso de su sucesor.

En el libro de Ester se narra la historia de Mardoqueo, un gran líder judío, que logró salvar a su pueblo de un inminente holocausto, pero además, desarrolló e hizo de su prima, la reina Ester, una líder extraordinaria. *"Y había criado a Hadasa, es decir, Ester, hija de su tío, porque era huérfana; ...Cuando su padre y su madre murieron, Mardoqueo la adoptó como hija suya... 10. Ester no declaró cuál era su pueblo ni su parentela, porque Mardoqueo le había mandado que no lo declarase. 11. Y cada día Mardoqueo se paseaba delante del patio de la casa de las mujeres, para saber cómo le iba a Ester, y como la trataban."* **Ester 2:7,10,11**

Dios te ha bendecido dándote la identidad de líder y te capacitó para reproducir lo que eres. No te desgastes emocionalmente tratando de demostrar que eres un buen líder por la cantidad de líderes que has reproducido, simplemente mira lo que eres y puedes hacer en Dios y desarrolla a las personas que están cerca de ti. Principia con tus hijos, sigue con tus discípulos cristianos y no dejes afuera a tus colaboradores de trabajo. Tienes un llamado divino para desarrollar líderes y no solo seguidores. Así lo apuntó John Maxwell "El líder que hace seguidores, suma; pero el que reproduce líderes, multiplica"

## Acciones fértiles para producir líderes

- Ámalos e intenta sentirlos y tratarlos como a hijos. *Ester 2:7c*
- Instrúyelos y edúcalos con sabiduría. *Ester 2:7a*
- Lidéralos y gobiérnalos con madurez. *Ester 2:10*
- Conócelos e interésate por su vida integral, hazlo con mucho respeto y prudencia. *Ester 2:11b*

- Dedícales e inviérteles frecuente y sistemática-mente tiempo. *Ester 2:11a*
- Celebra juntamente con ellos las victorias logradas. *Ester 9:22; 3 Juan 1:4*

Después de reflexionar, desde una perspectiva de liderazgo, en la relación de Mardoqueo y Ester, entiendo que lo más parecido a criar hijos es promover líderes. Implica amor, corrección y visión; al principio se les da a lactar y a su tiempo se les deja volar.

El líder experimentado llega a entender que hay otros líderes con llamado a trabajar con él y que otros van a iniciar algo nuevo; y que de acuerdo a una estrategia sana y sabia, ambos grupos pueden seguir gozando de su discipulado. Ahora bien, el líder maduro, también sabrá que hay personas que nunca fueron sus discípulos y que al cederles liderazgo afectarán a la organización y le traerán tristeza y dolor.

La experiencia de Moisés, con 40 años de liderazgo, dirigiendo al pueblo de Israel nos deja pasos importantes de sucesión de liderazgo. El aprendió de la crítica de sus propios hermanos, María y Aarón *(Números 12:1)*; además de la sublevación de Coré, pero principalmente, de la gran satisfacción de empoderar a Josué su sucesor.

## Pasos para hacer a un líder tu sucesor

- Elígelo. Moisés pidió a Dios que le mostrara quién sería su sucesor. *Números 27:16-18*
- Capacítalo. Moisés tuvo a Josué a su lado por 40 años.
- Involúcralo. Moisés hizo a Josué comandante del ejército. *Exodo 19:7*

- Minístralo. Moisés llevó a Josué al monte Sinaí. *Exodo 24:13*
- Empodéralo. Moisés dignificó y honró a Josué en un acto especial y público. *Números 27:22,23*

No puedo continuar sin agradecer a Dios y a mi pastor Edmundo Madrid, quien fue el instrumento que el Espíritu Santo usó para cultivar mi liderazgo. El amor, capacitación, ministración y empoderamiento que me otorgó han permitido que llegue hasta aquí.

## Identidad en acción

Puesto que eres líder y socio de Dios, hoy:

1. Haz esta oración: "Mi Padre, quiero agradecerte por haberme hecho un líder, gracias por todas las proezas y bienes que he hecho en tu nombre. Reconozco que cultivar líderes no es fácil, por lo que te pido ayuda. Por favor, auxíliame a elegir y confirmar quien será mi sucesor, me ilusiono pensando que disfrutaré esta aventura. Incrementa mi amor, sabiduría y voluntad para desarrollar líderes. Perdóname si he tenido envidia, amargura, celos y tristeza. Perdono a los que, según yo, me han traicionado y herido. Descanso en tu promesa que me guiará a invertir mi tiempo, energía, conocimiento y experiencia en hombres y mujeres fieles. Gracias por que lo que tengo es tuyo y yo soy un administrador. Amén".

2. Habla con tus hijos y envisiónalos con los grandes proyectos que Dios te ha dado y lo que Él tiene para ellos.

3. Llama o reúnete con tu sucesor y exprésale la visión de tu corazón para bendecirlo y empoderarlo.

4. No mires como competencia a tus hijos y discípulos fieles.

5. Inicia o continúa una estrategia de desarrollo de líderes.

# S 4ta. emana

## EL REDIMIDO

Identidad de libre

Identidad de libre

# Día 22

> "La libertad del ser humano
> es un derecho social,
> además de ser un deseo divino,
> siendo la libertad del espíritu
> la más trascendental" E. Guillén

*Apocalipsis 5:9 "y cantaban este canto nuevo:*
*"Tú eres digno de tomar el rollo y de romper sus sellos,*
*porque fuiste sacrificado; y derramando tu sangre*
*<u>redimiste</u> para Dios gentes de toda raza,*
*lengua, pueblo y nación."*

En la antigua Roma, se conocía como liberto a una persona liberada de la esclavitud, que tenía los derechos legales de negociar, casarse, formar un patrimonio y heredar bienes a sus hijos. Los escritores bíblicos interpretaron la redención como la acción de Cristo de libertar a los esclavos espirituales.

Más de veinte ocasiones aparece el verbo redimir en el Nuevo Testamento, la mayoría de veces implica salvación y libertad en Cristo Jesús; es decir, en la vida, muerte y resurrección de Jesús, el ser humano alcanza redención o salvación al creer en Él. La libertad de Cristo, se hace efectiva cuando una persona le recibe, creyendo en El como Señor y Redentor. La nueva identidad de hijo de Dios también implica una identidad de redimido y libre.

En la carta a los Gálatas, Pablo a través de la analogía de los hijos de Abraham, finaliza diciendo a la iglesia, que ser hijo de Dios es ser libre. *"De manera, hermanos, que no somos hijos de la esclava, sino de la libre." Gálatas 4:1.*

La redención de Cristo, es más que, una condición de "tener" libertad, es la identidad de "ser" libre. Pablo señala en *1 Corintios 9:1*, no que "tiene" libertad, sino mejor aún, que "es" libre. *"¿No soy apóstol? ¿No soy LIBRE?"* El verbo "tener" implica temporalidad y cantidad, mientras que el verbo "ser" denota eternidad y cabalidad.

Según la Biblia, el estado espiritual de los cristianos antes de la conversión a Cristo era de esclavitud. *"Porque nosotros también éramos en otro tiempo... esclavos de concupiscencias y deleites diversos, viviendo en malicia y envidia, ..." Tito 3:3*

Jesús no se conforma con redimirte o libertarte, te lleva a una dimensión donde puedas vivir plenamente libre. El término salvación, puede emplearse como sinónimo de libertad y redención, significa: salud completa e integral, abarcando el cuerpo, alma y espíritu.

Activar tu identidad de libre, además de implicar salvación para tu espíritu de la muerte eterna, indica: redención de tu alma y cuerpo de cadenas o estados enfermizos en esta vida terrenal. Dios te hizo libre, no tienes porque llevar la máscara de la esclavitud, porque esa máscara expresa dolor, desesperación y temor.

¡Qué entusiasmo saber, que a través de los principios bíblicos, en esta última semana, serás activado en tu identidad de libre! Y así gozar de los beneficios y derechos de experimentar una verdadera libertad de la esclavitud de: 1. La inmoralidad, 2. La Religiosidad, 3. La Auto Compasión, 4. El Pasado, 5. El Descontentamiento, 6. El Resentimiento, y 7. La Condenación Eterna.

# DISFRUTA SER LIBRE DE LA ESCLAVITUD DE LA INMORALIDAD

"La práctica intencional,
constante e insensible
en un pecado es la cadena que
sujeta a un esclavo espiritual." E. Guillén

*Efesios 1:7DHH "En Cristo, gracias a la sangre que derramó, tenemos la liberación y el perdón de los pecados."*

Entendemos que la inmoralidad es cometer pecado, es hacer lo que no es correcto, lo que ofende y desagrada a Dios de acuerdo a los valores, principios y conducta bíblica; trayendo consecuencias destructivas a nivel emocional, físico, social y espiritual, además, produce un distanciamiento con Dios. Sin embargo, Cristo al morir perdona y liberta de los pecados a los que se arrepienten.

La expresión usada por el apóstol Pablo, "esclavo del pecado" implica la práctica constante en el mismo, según *Romanos 6:17*. La persona que no tiene a Dios, sin sentirse mal, reiteradamente comete pecado.

El apóstol Juan trae una increíble luz para diferenciar entre el que peca y quien practica el pecado. *1 Juan 3:8,9*

*"8. El que practica el pecado es del diablo; porque el diablo peca desde el principio. Para esto apareció el Hijo de Dios, para deshacer las obras del diablo. 9. Todo aquel que es nacido de Dios, no practica el pecado, porque la simiente de Dios permanece en él; y no puede pecar, porque es nacido de Dios."* Según Juan, la diferencia entre quien es hijo de Dios y quien no, se evidencia por la relación con el pecado. Aunque un hijo de Dios, potencialmente puede pecar por su naturaleza humana, no obstante ya no puede vivir, practicar y deleitarse en el pecado. No así, la persona que no ha nacido espiritualmente de nuevo, es esclavo y vive en su maldad.

## Características de un esclavo al pecado

- Cauteriza su conciencia por la práctica constante en el mal.
- Comete la misma falta repetidas veces.
- No está conciente que hace lo malo.
- No se siente redargüido de hacer lo malo.
- Incita a otros a practicar lo malo.
- No ha recibido a Cristo puesto que no se ha arrepentido de sus pecados.

Ahora bien, ¿puede un cristiano practicar pecado?, a la luz del contexto bíblico no podemos constituirnos en jueces para declarar a alguien como un hijo de Dios o no, sin embargo, comprendemos que un cristiano no puede practicar el pecado, aunque podría pecar, aún cuando no debería hacerlo. Del pecado de David, aprendemos que, aunque Dios lo perdonó, no obstante sufrió las duras consecuencias de su maldad, entre ellas la pérdida del gozo de la salvación. *Salmos 51:12*

## Efectos cuando un cristiano peca

- Pierde la alegría de ser salvo.
- Pierde el deseo de congregarse con otros cristianos.
- Pierde el deseo de orar y leer la Biblia.
- Se hace vulnerable para que espíritus inmundos afecten su cuerpo con enfermedades físicas.
- Se hace vulnerable para que espíritus inmundos afecten su alma con sentimientos de depresión, frustración, temor y acusación.
- Pierde la autoridad y propiedad para ejercer sus dones espirituales y ministeriales.

Cristo nos obsequia un modelo y básicamente el principio que sí se pueden vencer las tentaciones demoníacas. Por tres veces, Él reprendió al maligno librándose de caer en la tentación, a través de, conocer y declarar con fe y autoridad la Palabra escrita de Dios, la Biblia. *Lucas 4:2 NVI "2. Allí estuvo cuarenta días y fue tentado por el diablo...12.--También está escrito: 'No pongas a prueba al Señor tu Dios.' --le replicó Jesús. 13. Así que el diablo, habiendo agotado todo recurso de tentación, lo dejó hasta otra oportunidad."*

## Decisiones para romper la máscara de la inmoralidad

- Pide perdón a Dios y aléjate del pecado cometido.
- Reprende el espíritu de esclavitud que te atrae a cometer pecado.
- Vence al diablo conociendo y declarando con autoridad su palabra.
- Resiste la tentación con la oración.
- Comprende que la tentación no es pecado, sino caer en ella.
- Aléjate del ambiente que te inclina al mal.

## Identidad en acción

Puesto que eres libre, hoy:

1.  Haz esta oración: "Mi buen padre, te doy gracias porque moriste en la cruz para perdonar y librarme de la esclavitud del pecado, en tu nombre y por el poder de tu Palabra tomo fuerza para seguir peleando diariamente contra las tentaciones y te pido perdón por aquellos pensamientos o acciones que he cometido y que no te agradan. Gracias Espíritu Santo porque Tú me guías a toda verdad y me ayudas a discernir entre lo bueno y lo malo, además porque en tu llenura tengo el poder para vencer lo malo. Con alegría disfruto la identidad de hijo y de libre que tengo en Ti. En tu nombre Cristo, activo el poder que me da saber que soy libre. Amén."

2.  Busca a tu líder espiritual, no para que te perdone, sino para que te ayude a pedir perdón a Dios y te acompañe en un proceso de restauración.

3.  Toma nuevamente el servicio a Dios, según el talento que El te dio, no te quedes estancado por acusaciones del diablo y repréndele con autoridad.

Identidad de libre

# Día 23

## LIBÉRATE DE LA RELIGIOSIDAD

"Si los hombres son tan perversos
teniendo religión,
¿cómo serían sin ella?"
Benjamín Franklin

*Santiago 1:26 BLA "Si alguno se cree religioso,*
*pero no refrena su lengua, sino que engaña a su propio*
*corazón, la religión del tal es vana."*

La frase de Benjamín Franklin sugiere que la religión detiene en parte la perversidad humana, no obstante, reconoce que no es suficiente. Santiago reprocha a aquella persona, que aunque se considera religiosa por apegarse a ceremonias y observancias de normas, el corazón lo tiene carente de una relación verdadera y auténtica con Dios.

En varios sentidos, el término religión no implica algo negativo. Por ejemplo: desde la perspectiva sociológica, los cristianos, ya sean católicos o evangélicos, son reconocidos como una religión que conforma la sociedad. *Santiago 1:27* habla de una religión *"pura y sin mancha"*. Aún así, los cristianos, insistimos en que más que tener una religión, experimentamos una verdadera relación con Dios.

Ahora bien, en este capítulo, nos referiremos a la religiosidad como a un espíritu o actitud negativa, que pone el énfasis en lo externo, en el orden del culto o ceremonias y al cumplimiento de normas, las cuales están vacías de comunión, de amor a Dios y a los semejantes.

El mensaje de Jesús, por un lado, desafió e invitó a las personas al arrepentimiento, a que dejaran la inmoralidad, pero por otro lado y con más energía, desafió a los líderes eclesiásticos a que se volvieran de la religiosidad. Los sábados, días de reposo, fueron los más tensos. Era el tiempo cuando los líderes religiosos "chocaron" con Jesús. La religiosidad da más importancia a las ceremonias, normas litúrgicas y tradiciones en vestuarios, días y comidas que al bienestar humano. Es interesante ver a Jesús sanando y liberando de demonios a las personas en sábado. Los religiosos nunca entendieron, que el sábado como día de reposo, fue hecho para el bienestar integral del hombre y no el hombre para el cumplimiento estricto y frío de la ley. *Lucas 13:16*

Con un mensaje muy fuerte, Él se refirió a las personas, que usaban la máscara de la religiosidad, como hipócritas y sepulcros blanqueados, que por fuera están bellos pero por dentro podridos. *Mateo 23:25.*

## Señas de la máscara de la religiosidad

- Sentir altivez por hacer buenas obras.
- Sentir superioridad.
- Poner cargas pesadas a otros, que ellos mismos en lo secreto no pueden llevar.

- Enfatizar lo externo sobre lo interno.
- Actuar para llamar la atención más que por ayudar o servir.
- Basar el acercamiento a Dios en las buenas obras y no por el sacrificio de Cristo.
- Enseñar la santidad como algo inalcanzable.
- Gobernar o liderar en base al miedo.
- Bloquear lo sobrenatural, el mover del Espíritu Santo y los milagros.
- Reducir la presencia de Dios a un lugar (templo) y a un día (domingo).

El espíritu de religiosidad, no solo opera en personas, sino también en naciones, organizaciones, congregaciones, comunidades, grupos y familias. Los grupos religiosos fuertes en tiempos de Jesús eran los fariseos y saduceos, líderes que sabían mucho sobre Dios pero conocían poco o nada de Él. La misma situación encara el profeta *Isaías* en el capítulo **29** y verso *13 DHH "El Señor me dijo: "Este pueblo me sirve de palabra y me honra con la boca, pero su corazón está lejos de mí, y el culto que me rinde son cosas inventadas por los hombres y aprendidas de memoria."* Este proceder de religiosidad abre la puerta para que un espíritu de adormecimiento profundo, o como le llama Pablo, de estupor, cierre los ojos espirituales. *Isaías 29:11 y Romanos 11:8*

## Las engañosas sustituciones que hace la religiosidad

- Se sustituye lo interno y trascendente por lo superficial e irrelevante.
- Se sustituye el amor a Jesús por la externa reverencia.
- Se sustituye el "conocer" a Dios por el "saber"

sobre Dios.

- Se sustituye el compromiso con Cristo por la actividad religiosa.
- Se sustituye la amistad con Jesús por el servicio cristiano.
- Se sustituye la integridad por la perfección.
- Se sustituye la santidad por el cumplimiento de reglas.
- Se sustituye la santidad por la conducta que acepta la sociedad.

El ministerio y el diario vivir de Cristo muestran, por lo menos dos principios primarios, que permiten romper la máscara de religiosidad. 1) Una relación interna y estrecha con la presencia de Dios y 2) Un amor genuino por servir y ayudar al prójimo. Él tomó acciones en su comunión con Dios e hizo acciones en el servicio a la gente, diferentes a lo que la religiosidad de esos días hacía. Él oraba en el templo y en la montaña, Él predicaba o enseñaba en el templo y en la barca y Él enseñaba a hombres, mujeres y niños.

El apóstol Pablo, perteneció al grupo religioso con el que Cristo tuvo mucha fricción el día sábado, Pablo estaba dominado por un espíritu de religiosidad que perseguía, encarcelaba y consentía la muerte de los cristianos. Fue un hombre que sabía mucho sobre Dios pero no conocía a Jesús, ni la llenura de su Santo Espíritu. Hasta que un día tuvo una experiencia sobrenatural "fuera del templo" donde conoció personalmente a Cristo *(Hechos 9:3-5)*, fue lleno del Espíritu Santo *(Hechos 9:17)*. La religiosidad es el enemigo más sutil que afecta nuestra amistad, comunión y disfrute de la presencia de Dios.

## Decisiones para romper la máscara de la religiosidad

- Toma autoridad espiritual, renunciando y echando fuera de tu vida todo espíritu de religiosidad.

- Platica con Dios todos los días, evitando palabras que no salen de tu corazón o que sabes de memoria.

- Platica audiblemente con Dios con un tono de voz normal y amigable.

- Llénate y déjate guiar por su Santo Espíritu.

- Ama a tu prójimo y busca su bien por encima de ceremonias y tradiciones.

- Deja de sentirte superior a los demás.

- Enfoca tu atención en Dios al estar en las reuniones cristianas.

- Alégrate cuando tu prójimo reciba alguna bendición.

- Disfruta el reposo que da el adorar a Dios.

## Identidad en acción

Puesto que eres libre, hoy:

1.  Haz esta oración: "Mi buen Padre, gracias por darme la oportunidad de conocerte y no solo por saber de ti, quiero pedirte perdón por la veces que me enfoqué en la ceremonia o rito antes que en sentir tu presencia, perdona si me sentí superior a otros a causa de mis buenas obras. Ayúdame a tener compasión y paciencia con los que están en el proceso de mejorar su vida espiritual. No quiero ser juez de mis hermanos, solamente quiero que los bendigas. En el nombre de Jesús, renuncio y echo fuera de mi vida todo espíritu de religiosidad. Gracias porque somos amigos y me dejas llegar confiado a disfrutar tu presencia. ¡Amén!"

2.  Busca, escribe o llama por teléfono pidiendo perdón a las personas que has juzgado, criticado y ofendido con expresiones religiosas.

3.  Decide que la próxima vez que vayas a una reunión cristiana te enfocarás en Dios, en sentir su presencia y no en las personas, ni en el ritmo musical, ni el orden de los puntos de la reunión.

Identidad de libre

# Día 24

## DISFRUTA SER LIBRE DE LA ESCLAVITUD DE LA AUTOCOMPASIÓN

"La lástima por uno mismo,
es una de los narcóticos
no farmacéuticos, más destructivos.
Es adictiva, da placer
sólo al momento y separa
a la víctima de la realidad".
John W. Gardner

*"Y sabemos que a los que aman a Dios, todas las cosas les ayudan a bien, esto es, a los que conforme a su propósito son llamados." Romanos 8:28*

**Job sabía, no entendía, pero creía.** La historia de Job fue extremadamente impresionante. En el mismo día, una tras otra, recibió las noticias más trágicas que un ser humano puede recibir: Muerte y pobreza por el corazón de gente perversa y por accidentes de la naturaleza. Entre robos, asesinatos, incendios y huracán, perdió a sus trabajadores y lo más doloroso para un ser humano, la muerte de los seres amados, sus diez hijos, tres mujeres y siete varones. Días después, sumido en pobreza es víctima de una terrible enfermedad. Sus amigos lo abandonaron y los que quedaron lo acusaban de pecador. Para colmo de males, la esposa (aunque es entendible su dolor, era la madre de los fallecidos) inculpa a Job por amar y servir al Dios que ha permitido toda esta desgracia, sugiriéndole que maldiga a su Señor y que luego se deje morir. *(Job 1:14-20; 2:7-9)*

Probablemente, estás pensando: "con un cuadro como este, es muy difícil levantarse y enfrentar la vida. Tal vez, hubiera seguido el consejo de su esposa" Por supuesto, Job lloró y se entristeció muchísimo, sin embargo, aunque le costó, con la intervención de Dios y el tiempo lo superó totalmente. El secreto de Job fue, saber y creer que todo lo que había sucedido tenía un propósito, aunque al principio no lo había entendido. *(Job 1:21; 42:5,10,16)*

Entendemos que la autocompasión es lo mismo que la autoconmiseración, es decir: sentir pena y lástima por uno mismo, generalmente por una experiencia negativa. Provoca sufrimiento a uno mismo y a los que le rodean. Como dijo Daniel Vera Monardes: *"La autocompasión es un veneno que una persona produce contra su propia persona".*

La autocompasión se torna en un problema cuando la persona constantemente tiende a amarrarse al pasado, a ver solamente las cosas malas que le han ocurrido y a preguntarse ¿Por qué me ha tenido que pasar esto a mi? o ¿Por qué no actué de otra forma?. Por el contrario, las personas que no tienen esta actitud se enfocan en el futuro e intentan mejorar su situación. Cuando la autocompasión se mantiene a través de los años, resulta ser muy destructiva y afecta la autoestima.

## Expresiones de la máscara de la autocompasión

- Te sientes deprimido la mayor parte del tiempo.
- Te sientes impotente, sin control de tu vida.
- Te sientes molesto, resentido con todo y todos, las circunstancias, las personas, tus padres, la vida e incluso con Dios.
- Te sientes fracasado. La sensación de que aunque trabajes mucho y te esfuerces nunca alcanzarás lo que te propones.

La autocompasión nos mantiene atrapados, sin que nos demos cuenta de ello y nos impide avanzar por la vida y disfrutar de la misma. Acabamos sintiéndonos incapaces y desempeñando el papel de víctimas.

## Razones para ponerse la máscara de la autocompasión

- Por sentirnos vulnerables: Desde niños dependemos de los adultos, y esto hace que sintamos limitaciones. Esto hace que los niños se sientan víctimas.
- Por haber vivido en un ambiente en donde se compadecían de nosotros. Escuchando frases de debilidad: "Es un niño", "No puede, necesita ayuda", "Pobrecito, la vida no le fue favorable", "Tiene siempre mala suerte", etc.
- Por imitar la actitud autocompasiva de sus padres y de adultos con que se relaciona. Los niños imitan indirectamente lo que han percibido de los adultos, y estos pensamientos predisponen las actitudes.
- Por haber sido realmente víctimas,  por haber experimentado un dolor muy fuerte. La muerte o separación de alguien amado. Por haber sufrido

algún tipo de abuso: Físico, sexual, psicológico y emocional.

A menos que la persona active su identidad en Dios como hijo amado y libre de la esclavitud, el impacto de estas vivencias pueden afectarle para toda la vida.

## Efectos negativos de ponerse la máscara de la autocompasión

- No se miran los problemas con claridad.
- No se miran las soluciones. Hay  un enfoque en lo negativo y en el problema, que no permite ver diferentes soluciones.
- No se tienen estables relaciones interpersonales
- No se asume la responsabilidad de los actos y consecuencias. Siempre se  culpa a los demás de lo que sucede.

El verdadero secreto para romper la máscara de la autocompasión está en creer que todo lo que pasa en tu vida, lo bueno y lo trágico tiene un buen propósito en Dios. La autoconmiseración, el sentir lástima de ti mismo es pecado, porque es falta de fe, es no creer que Dios tiene un propósito para tu vida.  Job, José y Pablo aunque sufrieron trágicamente la muerte de sus seres amados, quisieron matarlos, estuvieron en la cárcel, sufrieron enfermedades, etc. Experimentaron  la tranquilidad, la paz y el gozo por haber creído que todos esos sufrimientos tenían algún propósito. Mira lo que dijeron estos tres hombres de propósito.

José: *"Ahora, pues, no os entristezcáis, ni os pese de haberme vendido acá; porque para preservación de vida me envió Dios delante de vosotros." Génesis 45:5*

Job: *"A pesar de todo esto, Job no pecó ni le echó la culpa a Dios." NVI "En todo esto no pecó Job, ni atribuyó a Dios despropósito alguno". RV 60 Job 1:22*

Pablo: *"Y sabemos que a los que aman a Dios, todas las cosas les ayudan a bien, esto es, a los que conforme a su propósito son llamados." Romanos 8:28*

## Decisiones para romper la máscara de la autocompasión.

- **Da gracias.** Quizá, no cambiará tu circunstancia externa pero te aseguró que cambiará lo interno, tus emociones. *(Filipenses 4:6,7)*
- **Cree que lo que te sucedió tiene un propósito beneficioso, aunque no lo veas ahora.** *(Job 1:22. Génesis 42:5; Romanos 8:28)*
- **Confía que Dios te libró de algo peor**. Él te ama y conoce el futuro por lo que Él decidió librarte de una trampa oculta permitiendo que pasara lo que te dolió.
- **No te afanes preguntando a Dios el propósito de tu dolor**. Como en el caso de Job, Dios por lo general, hasta el final de la prueba y al pasar el tiempo, muestra la razón de lo que te sucedió. Que te baste confiar que todo tiene propósito.
- **Ayuda a otros**. El dedicar tiempo y energía asistiendo a otras personas te producirá una satisfacción profunda. Además, te alentará al ver que otros están saliendo adelante en situaciones parecidas o peores a las tuyas.

## Identidad en Acción

Puesto que eres redimido y libre, hoy:

1. Haz esta oración: "Mi Padre, muchas gracias por haberme hablado con tu palabra dándome ánimo. Te pido perdón porque no he creído que lo trágico que me ha sucedió tenía un propósito bueno. He culpado y me he amargado contra todo el mundo y hasta contigo. No he visto que ha sido el diablo quien me quiere destruir y que Tú lo has permitido porque me has guardado de algo peor. Por eso te pido perdón. Tengo fe que me darás fuerza y me ayudarás a salir de esta tristeza extrema porque me amas. No te preguntaré por qué, ya que mi fe descansa en que tienes un buen propósito para mi. Te agradezco por todo lo que me ha sucedido. En tu nombre Jesús. Amén"

2. Empieza por dar gracias a Dios por lo que tienes. Sea poco o sea mucho, sea de tu agrado o desagrado, Dios espera que le agradezcamos por todo. La oración es el arma mas poderosa.

3. Haz una lista de todos los elementos positivos que tienes a tu favor.

4. Desarrolla un plan de vida, poniendo metas claras para que puedan darte enfoque y no estés siempre viendo hacia atrás.

5. Procura realizar actividades que te produzcan felicidad y satisfacción.

6. Visita lugares de ayuda humanitaria, hospitales, orfanatorios y reclusorios. Trata de ayudar al necesitado.

Identidad de libre

# Día 25

## DISFRUTA SER LIBRE DE LA ESCLAVITUD DEL PASADO

"La vida sería imposible
si todo se recordase.
El secreto está en saber
elegir lo que debe olvidarse".
Roger Martín du Gard

*"Hermanos, yo mismo no pretendo haberlo ya alcanzado; pero una cosa hago: olvidando ciertamente lo que queda atrás, y extendiéndome a lo que está delante, prosigo a la meta, al premio del supremo llamamiento de Dios en Cristo Jesús"*
*Filipenses 3:13-14*

Un veterano de la guerra de Vietnam fue muerto en un enfrentamiento con policías luego de mantener secuestrado a un niño de cinco años en un bunker  en un terreno de su propiedad. Sus vecinos lo describían como un hombre solitario y violento que por las noches solía rondar su propiedad provisto de un arma. Era de 65 años, ex-conductor de autobús, veterano de Vietnam con problemas de estrés postraumático, que solía amedrentar a quienes vivían a su alrededor, amenazándolos con disparar a sus hijos y a sus mascotas.

Un vecino aseguró a los medios locales que el señor Dykes golpeó hasta la muerte a su perro. "El nunca olvidó su pasado en la Guerra de Vietnam". Este es el resultado de pensamientos no olvidados, se anidan en nuestra mente y distorsionan nuestras acciones presentes.

A que se refería el apóstol Pablo cuando dijo *"ciertamente olvidando lo que queda atrás"* ¿Tendremos algún botón, que al presionarlo se borra el pasado que no queremos recordar? La respuesta es no, porque no podemos olvidar el pasado por completo, porque el cerebro carga los recuerdos, para que nos sirvan las lecciones del pasado. Nuestros maravillosos cerebros guardan la información por nuestro propio bien, hasta las situaciones que no creemos recordar. Una vez más, ¿Que trató de decir Pablo? Interpretamos la expresión "olvidar el pasado" como la capacidad de manejar las experiencias traumáticas para que no nos dañen y usarlas para nuestro bien. Como dijo el ex primer ministro Harold Macmillan "Deberíamos usar el pasado como trampolín y no como sofá."

## Situaciones que nos atan al pasado.

- **La traición en una relación significativa**. El adulterio, el divorcio o la traición sentimental en el noviazgo.
- **La pérdida de lo amado**. La muerte de un ser querido o la pérdida de un objeto valioso.
- **El fracaso**. Haber perdido el negocio, haber cerrado la empresa, haber perdido un examen importante o el año educativo.
- **El suceso relevante**. Un accidente violento, el internado en una escuela, una hospitalización, etc.

La manera de ver el pasado turbulento necesita una

actitud de madurez y sabiduría, sabiendo que todo deja lecciones y experiencia. El escritor financiero Robert Kiyosaki dijo: "A veces se gana... a veces se aprende."

Hay personas tan esclavizadas al pasado que pasan toda una vida viviendo de los malos recuerdos y sus malas consecuencias. Hay personas que terminan una relación sentimental y se amargan tanto que no pueden pensar que la felicidad sea algo que ellos merezcan y puedan conseguir. Hay diez pasos que nos pueden ayudar a olvidarnos del pasado.

## Pasos para "olvidar" el pasado

1. **Resígnate a querer cambiar los hechos del pasado**. Ser esclavo del pasado es tener el sentir irrealista de querer regresar al pasado y cambiarlo. Racionalmente es imposible, resígnate y acéptalo.
2. **Enfoca tus pensamientos y acciones en el presente**. Piensa más en el presente que en el pasado. Con disciplina interrumpe los pensamientos del pasado, piensa y ocupa tu mente en proyectos significativos en el presente. La oración, lectura de la Biblia y buenos libros, el trabajo, la vida social y el deporte son importantes. Huye del ocio es el terreno predilecto para recordar. ¡Qué difícil correr con pesas en los pies y mochila en la espalda! Para correr rápido y bien en el presente debes botar el pasado de tu espalda.
3. **Dibuja tu futuro**. Traza proyectos, procura visualizarte a diez años, pregúntate: ¿Cómo me gustaría verme? Haz un plan para alcanzar tus sueños. La vida es como manejar un vehículo, el retrovisor se mira de vez en cuando, la mirada siempre está puesta hacia al frente. Si miras más para atrás, no avanzaras, sino chocarás.

4. **Libérate de la culpa**. Pide perdón y perdónate. La culpabilidad es el estado emocional y espiritual de haber cometido pecado. Si pides perdón a Dios, Él es fiel y justo para perdonarte. *(1 Juan 1:9)* y no acordarse de tus pecados. *(Isaías 43:25)*. Perdónate a ti mismo, ¿Si Dios te perdonó, quién eres tú para juzgarte?

5. **Libérate de la acusación**. Si te arrepentiste, pidiendo perdón a Dios y apartándote del pecado, y aún así, te sigues sintiendo mal, tienes que reprender al acusador, el diablo. (*Romanos 8:33; Apocalipsis 12:10*)

6. **Declina de buscar culpables**. Perdona a las personas que te hicieron daño, porque es la manera de soltarte de ellas y del pasado. Imposible resolver el pasado sin perdonar. De hecho, odiar es estar atado al pasado.

7. **Ten fe que Dios hará cosas nuevas en tu vida**. Siempre lo nuevo que Él hace es mejor. (*2 Corintios 5:17)*

8. **Aprende del fracaso del pasado**. Tomás Edison, supo que cada vez que fallaba en la prueba del bombillo eléctrico, aprendía como no hacerlo y así probaba una nueva forma de hacerlo. El pasado es un buen libro pero hay que estudiarlo. Cambia tu manera de apreciar el fracaso, no lo mires como un obstáculo en tu vida, sino como una grada para llegar al éxito.

9. **Agradece por las bendiciones del pasado**. Anular el pasado es privarte la oportunidad de ser agradecido y humilde por las bendiciones que Dios te ha dado. *(Salmos 103:2)*

10. **Agradece por las dificultades del pasado**. Como leímos ayer, comprender que todo lo que te ha sucedido tiene un propósito divino te ayudará a

dar gracias a Dios. Agradecer no cambiará el hecho del pasado, pero si tus emociones en el presente. (*Filipenses 4:6,7)* Aprendí en una de las prédicas del pastor Edmundo Madrid, que dar gracias es como tomar una pastilla para el dolor de cabeza, a los minutos de ingerirla, ha quitado el mal, sin saber la composición química del medicamento. Así, dar gracias, sin saber como trabaja dentro de nosotros, al final da una paz profunda.

Activa tu identidad de redimido y libérate de la esclavitud del pasado. Sigue las tres actitudes que Pablo aconsejó en *Filipenses 3:13,14* para tener éxito en la vida. Primero: Resuelve tu pasado, olvidándote de el. Segundo: Avanza con diligencia en el presente y Tercero: Ten una meta para el futuro.

## Identidad en Acción
Puesto que eres redimido y libre en Dios, hoy:

1. Haz esta oración: "Gracias Padre, por todo lo que ha sucedido en mi pasado, por lo bueno y por lo malo. Hoy te entrego mi pasado y te pido perdón por mis pecados morales, sentimentales y económicos. Ayúdame a no cometer los mismos errores. Tengo fe que en tu nombre haré grandes cosas en el presente y levanto mis ojos para ver mi futuro con esperanza. En tu nombre Jesús reprendo al diablo que me ha estado acusando. Nuevamente te doy gracias porque el fracaso del pasado lo usaré como una grada para las nuevas oportunidades de éxito que me darás. Amén."

2. Haz una lista de cinco bendiciones que Dios te ha dado y vuelve a dar gracias.

3. Decide ya no hablar del pasado a menos que sea para mencionar algo bueno.

Identidad de libre

# Día 26

## VIVE LIBRE DEL DESCONTENTAMIENTO

"El que no considera lo que tiene
como la riqueza más grande,
es desdichado, aunque sea
dueño del mundo." Epicuro

*"He aprendido a contentarme, cualquiera que sea mi situación. Sé vivir humildemente, y sé tener abundancia; en todo y por todo estoy enseñado, así para estar saciado como para tener hambre, así para tener abundancia como para padecer necesidad. Todo lo puedo en Cristo que me fortalece". Filipenses 4: 11-13*

**El Desdichado Millonario.** *"Pero se refrenó Amán y vino a su casa, y mandó llamar a sus amigos y a Zeres su mujer, y les refirió Amán la gloria de sus riquezas, y la multitud de sus hijos, y todas las cosas con que el rey le había engrandecido, y con que le había honrado sobre los príncipes y siervos del rey. Y añadió Amán: También la reina Ester a ninguno hizo venir con el rey al banquete que ella dispuso, sino a mí; y también para mañana estoy convidado por ella con el rey. Pero todo esto de nada me sirve cada vez que veo al judío Mardoqueo sentado a la puerta del rey" Ester 5: 10-13*

Esta es la historia de un hombre que tenía muchas razones para ser feliz. Nos refiere la Biblia que tenía casa, amigos, esposa, riqueza, multitud de hijos, cosas que el rey le había dado y el respeto y la honra del rey. Además era el invitado único de la reina Ester al banquete real. Pero no podía disfrutar todo su entorno pues estaba atado mental y emocionalmente a un hombre pobre y sin poder que no le rendía homenaje como los demás. Es por eso que titulé esta historia como el "Desdichado Millonario", porque realmente era dichoso pero su pobre manera de pensar lo hacía esclavo de quién odiaba.

Mi amigo lector, ¡Qué gran lección nos deja Amán! Este insignificante hombre, Mardoqueo, sin nombre importante, sin recursos, sin gloria, sin poder ni fama, era suficiente para anular toda la alegría de Amán. ¿Has conocido gente en situación parecida? ¿No será que estás en la misma situación de Amán? ¿Que aun teniendo todo lo necesario estás descontento con tu situación? Quizá, no tienes todo lo que tus ojos ven y desean, pero si tienes una familia, un techo y sustento diario, cobra ánimo, esto es suficiente para estar alegre.

He notado que la influencia frecuente de los medios de comunicación y la presión de una sociedad consumista hace que nos sintamos mal y descontentos por no tener "lo último", "lo mas nuevo", "la ultima moda" y nuestro descontentamiento comienza no por carecer de lo básico, sino por no tener todo lo que la sociedad consumista nos hace creer que es necesario. ¡Cuánto necesitamos aprender mis amigos! ¡Cuánta falta nos hace conocer la historia bíblica y universal! para comprender y reconocer que los derechos, conocimientos, privilegios y comodidades de las que ahora gozamos, costaron las lágrimas, el sudor y la sangre de nuestros antepasados. Cosas que ahora damos por sentado las debemos al sacrificio de nuestros predecesores.

Como dice Berlin, mi esposa: "Debemos conocer la historia para reconocer que las comodidades de las que ahora gozamos, costaron el sacrificio de nuestros antepasados".

No tener contentamiento significa: no apreciar, no valorar a todas las personas, situaciones y cosas buenas que nos rodean. Alguien podría decir, usted porque no conoce mi situación, mi contexto, de donde vengo, lo difícil que fue mi infancia, los padres tan duros que me tocaron. Pero quiero decirte que siempre habrá gente que está en peores condiciones que las tuyas. Y siempre habrá gente que en situaciones más difíciles que las tuyas ha podido salir adelante.

Una y otra vez leo la historia de Amán cuando la máscara del descontento está insinuado ubicarse en mi rostro. Esa actitud enfermiza del descontentamiento nos priva de disfrutar las estupendas personas que nos rodean y las cosas básicas que nos sustentan. Además, esta historia destruye los espejismos o fantasías de la felicidad.

**Fantasiosas ideas del contentamiento**

- Cuando me case voy a estar feliz.
- Cuando tenga hijos voy a ser feliz.
- Cuando tenga dinero voy a ser feliz.
- Cuando tenga amigos voy a ser feliz.
- Cuando tenga fama voy a ser feliz.
- Cuando baje de peso voy a ser feliz.
- Cuando me cambie de casa voy a ser feliz.
- Cuando me retire voy a hacer feliz.
- Cuando me gradúe voy a ser feliz.

Si no aprendes a tener contentamiento hoy, con lo que eres, con las personas que tienes y las cosas que posees, nunca llegarás a ser feliz, aunque alcances todo lo que quieras. ¿Sabes cuál era la condición de Pablo y dónde estaba cuando escribió "he aprendido a contentarme, cual sea mi situación", "Alégrense siempre en el Señor. Repito: ¡Alégrense!", "No se aflijan por nada"? *(Filipenses 4:4,6,11)* No pienses que estaba en un hotel lujosísimo de Dubai, o en la comodidad de su hogar, no, él escribió desde ¡la cárcel de Roma, con riesgo de muerte!

Pablo nos bendijo al concedernos el secreto del contentamiento: ¡Estar **en** Cristo! En Filipenses 4, como dijo el Dr. Pablo Martínez Vila: "Pablo no habla de creyentes alegres, «contentos», sino contentados." Es decir estar contento depende de las circunstancias, pero estar "contentado" depende de la decisión de estar conectado con Dios. Nota la célebre expresión bíblica "Todo lo puedo en Cristo que me fortalece", no dice: Todo lo puedo por o con Cristo, sino en Él. Es decir, puedo enfrentar toda situación porque estoy unido a Cristo, no es asunto frágil, movedizo y circunstancial como la alegría. Tu contentamiento es tan constante y sólido como Cristo.

Tu identidad en Cristo como hijo de Dios y redimido en Él, te da la facultad de romper la cadenas de la esclavitud de la insatisfacción, desdicha y descontentamiento.

## Decisiones correctas para aprender contentamiento

- Permanece en Cristo porque Él te fortalece.
- Cree que todo tiene un propósito porque Él tiene el control.
- Agradece por lo que tienes porque Él te lo concedió.

- Valora a las personas que te aman porque Él espera que los aprecies.
- Reacciona con serenidad ante la dificultad porque Él te ama y te dará la solución.

## Identidad en Acción

Puesto que eres redimido y libre, hoy:

1.  Haz esta oración: "Mi Padre, muchas gracias porque tu libertad es integral, me has librado de la esclavitud del pecado y del pasado. Ahora te pido que me perdones por no valorar lo que me has dado, por estar deseando lo que no tengo. Gracias por las personas que me rodean, mi familia, mis amigos de la iglesia, el trabajo y estudio. En tu nombre Jesús me declaro contentado y satisfecho.

2.  Decido no renegar por la comida, ropa, casa, transporte y trabajo que me has dado.

3.  Decido que cada vez que alguien me obsequie algo, por muy pequeño que sea, tendré el cuidado de valorarlo y ser muy agradecido.

Identidad de libre

# Día 27

## DISFRUTA SER LIBRE DE LA ESCLAVITUD DEL RESENTIMIENTO

" Si te resientes con los que te hirieron,
te afectarás hacia los que amas" E. Guillén

*"Si se enojan, no pequen; que el enojo no les dure todo el día." Efesios 4:26 DHH*

**U**n príncipe resentido. La historia contenida en el *2do.* libro de **Samuel** capítulo *13*, narra como Absalón estuvo resentido contra Amnón, su medio hermano, por haber violado a su hermana Tamar. Por dos años, Absalón ocultó su "raíz de amargura" *(Hebreos 12:15)* contra Amnón, sin embargo, desde que se dio el hecho infame, el corazón de Absalón estuvo maquinando como vengarse, hasta que llegó a su máxima expresión: el asesinato. Fatalmente, Absalón huye y se subleva a su padre, el rey David. No pudo jamás reconciliarse con él, causando dolor y problemas a su familia y nación. Finalmente muere asesinado. ¿Cómo es posible que en medio de la misma familia se den tantas intrigas, depravaciones, violaciones y crímenes? Porque sus corazones estaban apartados de

Dios.

Esta historia permite ver con claridad que el resentimiento es un proceso: 1) Hecho doloroso (violación), 2) Tristeza e indignación (era su hermana la afectada y no una desconocida), 3) Enojo (sentimiento natural), 4) Falta de perdón, odio, amargura  y resentimiento (sentimientos pecaminosos), 5) Venganza (asesinato del ofensor) y 6) Exilio, división familiar y nacional, y muerte. (Consecuencias del pecado).

Entendemos el resentimiento como un sentimiento constante y repetido de enojo y odio, aunque con algunas diferencias, equivale a la ira, amargura y falta de perdón.

Dios te ha dado la nueva identidad de redimido, básicamente de ser libre de la esclavitud del pecado y sus expresiones. No significa que tu identidad te esconde del pecado, siempre estarás expuesto a el, sin embargo, tendrás la capacidad de no estar bajo su dominio. *Efesios 4:26* enseña, por un lado, que todo cristiano se enoja, y por otro lado, que el enojo no es pecado, pero puede terminar siéndolo. De tal manera, que el enojo constante y repetido se puede convertir en odio y amargura, los cuales si son pecados ante Dios.

Sin perdón no hay un presente tranquilo ni un futuro prometedor. Veamos los síntomas de una persona resentida.

## Gestos de la máscara del resentimiento

- Falta de perdón.
- Esclavitud al agresor por pensamientos y sentimientos constantes.
- Enfermedades emocionales. Tormento, depresión,

temor e inestabilidad.

- Enfermedades físicas. Hipertensión sanguínea, ataques de corazón, artritis, cálculos renales, jaquecas, etc. (Más de 51 enfermedades)
- Vulnerabilidad para que espíritus demoníacos afecten el alma y el cuerpo.
- Actitud defensiva al relacionarse con las personas.
- Dificultad para confiar o establecer relaciones cercanas con otras personas.
- Dificultad para celebrar la bendición de otra persona.

Hay muchas personas que permanecen esclavas de la amargura porque deliberadamente desean seguir odiando y vengarse, otras porque razonan inadecuadamente y son confundidas sutilmente por un espíritu de mentira y engaño, por último, un tercer grupo de personas, que desean salir pero no saben cómo.

## Las engañosas sutilezas del resentimiento

- Si dejo pasar el tiempo se borrará mi herida.
- Al vengarme volveré a tener tranquilidad.
- Los hechos me dan la razón para odiar.
- Si perdono la gente seguirá abusando de mi.
- Si perdono daré a entender que fui yo quien dañó.

José, el hijo de Jacob, sufrió desde jovencito, su madre murió cuando dio a luz a su hermano menor. Sus hermanos lo odiaron y desearon matarlo, sin embargo, lo vendieron a los mercaderes. A sus 17 años, lo alejaron de la persona que más lo amaba, su padre. Por trece años, sufrió vergüenza social y emocional al ser esclavo y prisionero. José, después de casi 20 años de estar lejos de su padre, siendo el hombre de influencia política de Egipto, la nación más poderosa de sus días, tuvo la oportunidad de vengarse de sus hermanos, causándoles un daño similar o mayor a lo que él sufrió: la muerte o la cárcel de por vida, sin embargo, aunque le costó, logró perdonarlos con palabras afectuosas y con hechos concretos de bendición. *(Génesis 47:11; 50:21) "Ahora, pues, no tengáis miedo; yo os sustentaré a vosotros y a vuestros hijos. Así los consoló, y les habló al corazón."* Las buenas consecuencias fueron múltiples, personales y globales. Preservó, sustentó y bendijo la vida de su familia y naciente nación de Israel.

La historia de José, muestra que por muy fuerte, desventurada, dolorosa, y trágica que haya sido la ofensa, aún así, estando conectado con Dios, aunque difícil, no es imposible perdonar. El vivió un proceso largo para perdonarlos pero lo logró. Por un tiempo dejó preso a su hermano Simeón *(Génesis 42:36)* y puso nerviosos, tensos e intrigados a sus hermanos, acusándoles de espías. *(Génesis 42:30)*

Perdonar es un proceso, para unos largo para otro corto. Sin embargo, recuerda que perdonar te producirá extraordinarios beneficios. Perdonar es darte la oportunidad de escribir un nuevo y mejor capítulo de tu autobiografía. Perdonar es desatar el nudo que te ata a los verdugos. Perdonar es soltar al agresor para después descubrir que el esclavo eras tú. No te desanimes, si después de haber pedido perdón a Dios y perdonar al agresor, vienen algunos recuerdos. Es importante notar que perdonar no implica olvidar, la memoria no borra, sin embargo, perdonar implica que el recuerdo duele menos.

## Decisiones para romper la máscara del resentimiento

Reconoce que el resentimiento es pecado, aunque tu mente justifique el sentimiento.

- Pide perdón a Dios aunque tú seas el agredido.
- Toma autoridad, renuncia y echa fuera  en el nombre de Jesús al espíritu de amargura.
- Perdona  a las personas que te han ofendido, tomando fuerza del amor de Dios que está en ti, recuerda como Jesús murió y te perdonó sin tú merecerlo. No importa que no "sientas" hacerlo, lo importante es que "quieras" hacerlo.
- Pide perdón de una forma corta, sencilla, tranquila y sabia con la persona que tuviste el problema.
- Si está a tu alcance, devuelve con bien el mal que te hicieron.

Jesús te redimió, perdonando tus pecados y liberándote de la esclavitud del resentimiento. Él sabe que si has experimentado su amor, tienes un depósito suficientemente abundante para perdonar. *Colosenses 3:12-14 "Dios los ama a ustedes y los ha escogido para que pertenezcan al pueblo santo. Revístanse de sentimientos de compasión, bondad, humildad, mansedumbre y paciencia. 13. Sopórtense unos a otros, y perdónense si alguno tiene una queja contra otro. Así como el Señor los perdonó, perdonen también ustedes. 14.Sobre todo revístanse de amor, que es el lazo de la perfecta unión"* El amor, es más que un "sentimiento" afectuoso, es la "decisión" firme de hacer lo correcto ante Dios y el bien al prójimo, aunque no lo merezca. Es decir, se perdona no porque se "sienta" algo especial para hacerlo, sino porque se "decide" obedecer a Dios y hacer el bien a otro aunque el o ella no sean los agresores.

## Identidad en acción

Puesto que eres libre,  hoy:

1. Haz esta oración: "Amado Jesús, te agradezco por haberme hecho libre de la esclavitud del pecado y darme tu identidad. Gracias por amarme tanto y habérmelo demostrado al perdonar todos mis pecados. En tu nombre Jesús, tomo fuerza y voluntad para perdonar a las personas que me han dañado desde mi niñez hasta hoy, también perdóname por las ofensas que he hecho a otros, ayúdame a cambiar mi mal humor. Echo fuera de mi vida el resentimiento y la amargura. Gracias por darme la capacidad de disfrutar una vida de paz, amor y por ser libre de la amargura. Te amo. ¡Amén!"

2. Busca, llama o escribe a las personas con quienes hayas tenido un conflicto, principalmente si ha sido alguien de tu núcleo familiar, padres, cónyuge e hijos y pídeles perdón.

Identidad de libre

# Día 28

## Disfruta ser libre de la condenación eterna

*"La convicción inquebrantable,
no de que existe el cielo, sino
que se va a el, permite no solamente
morir en paz, sino vivir así."* E. Guillén

*Juan 5:24 "De cierto, de cierto os digo: el que oye mi palabra, y cree al que me envió, tiene vida eterna; y no vendrá a condenación, mas ha pasado de muerte a vida."*

Que tengas identidad de redimido, conlleva que Jesucristo te ha concedido maravillosas bendiciones. En esta última semana hemos aprendido que Jesús, te liberta de las esclavitudes: la inmoralidad, la religiosidad, el pasado, la autocompasión, el descontentamiento y el resentimiento.

Es decir, Jesús en la presente vida, te libertó de la esclavitud del pecado y en el más allá, de la consecuencia de este: la condenación eterna. Aunque, hay múltiples consecuencias de vivir y practicar el pecado, sin embargo la más trágica es la muerte eterna. La Biblia tiene diferentes maneras de llamar a esta terrible realidad: infierno, lago de fuego y condenación eterna.

Hay dos opciones en la eternidad: el cielo que es la vida eterna y el infierno que es la condenación eterna. La gran noticia, como se afirma en Juan 5:24 es que, a través de la fe en Jesucristo, obtuviste la vida eterna. Agustín De Hipona lo expresa de esta manera: "En el cielo dicen aleluya, porque en la tierra han dicho amén."

Es preocupante encontrar cristianos que por desconocer las promesas y derechos que les otorga su identidad de libres, viven una vida frustrada y principalmente temerosa.  El extremo de la ignorancia de las realidades eternas produce que algunas personas se burlen y hablen sandeces. Por ejemplo John Milton, el poeta inglés, expresó: "Más vale reinar en el infierno, que servir en el cielo."

## Efectos del desconocimiento de las promesas eternas

- No recibir a Jesucristo como Señor y Libertador.

- Vivir bajo ansiedad tratando de agradar a Dios, en lugar de disfrutar el deseo de complacerle como resultado de amarle.

- Perder la capacidad de disfrutar la comunión con Dios.

- Temor profundo en el lecho de muerte.

Este lugar terrible de sufrimiento, *(Apocalipsis 14:10)* sin fin *(Judas 7,8)*, reservado para Satanás, sus ángeles (*Mateo 25:41)* y los injustos que han rechazado por la fe a Dios practicando obras de maldad, será la condenación eterna, de lo cual Jesucristo te ha salvado por amor, dándote la identidad de libre.

El practicar el pecado como consecuencia de no tener a Cristo en el corazón cobra una factura muy cara: la muerte eterna. Sin embargo, el regalo de Dios, dándonos la capacidad de creer que Él vino a este mundo y murió por todos nosotros nos da la vida eterna, librándonos de todo lo que implica la condenación. *"El pago que da el pecado es la muerte, pero el don de Dios es vida eterna en unión con Cristo Jesús, nuestro Señor." Romanos 6:23 DHH*

## Aspectos de los que serás libre en la condenación eterna

- Libre de tormento y desesperación.
- Libre de sufrimiento sin fin y sin posibilidad de salir de el.
- Libre del castigo.
- Libre de estar lejos de la presencia y amor de Dios.
- Libre de estar lejos de tus seres amados que murieron creyendo en Jesús.

Esta novedad de vida, es maravillosa, llena de alegría, paz y produce un fuerte deseo de vivir en integridad para Dios y además, servirle con gratitud y diligencia. El apóstol Pablo que aprendió, cualquiera fuese su circunstancia, a tener alegría y paz, escribió abundantemente sobre la relación entre los temas de la libertad como un regalo inmerecido, el cielo y la santidad.

*"8. Porque por gracia sois salvos por medio de la fe; y esto no de vosotros, pues es don de Dios; 9. no por obras, para que nadie se gloríe. 10. porque somos hechura suya, creados en Cristo Jesús para buenas obras, las cuales Dios preparó de antemano para que anduviésemos en ellas." Efesios 2:8,9.*

Este maravilloso fragmento bíblico, nos muestra que por medio de la fe obtenemos el regalo inmerecido de la libertad de los pecados y su consecuencia eterna, además, revela que el propósito de la salvación y como resultado de la misma y no como condición, son las buenas obras y una vida de integridad. Este entendimiento en orden y desarrollo, verdaderamente permite vivir una vida de alegría, paz e integridad. Pablo comparte la misma idea a los cristianos de Roma *"Pero ahora, libres de la esclavitud del pecado, han entrado al servicio de Dios. Esto sí les es provechoso, pues el resultado es la vida santa y, finalmente, la vida eterna. (6:22)*

## Bendiciones y responsabilidades por tener vida eterna

- Vives un estado emocional lleno de paz. Una vida llena de tranquilidad y un acercamiento de confianza en Dios.

- Vives un estado emocional de gozo. La alegría profunda por la seguridad en las promesas divinas.

- Experimentas un deseo y compromiso de compartir con otros la fe en Jesucristo para que obtengan libertad de la condenación eterna.

- Experimentas una vida de gratitud llena de servicio y generosidad a Dios y al prójimo.

- Experimentas una vida de integridad y santidad.

La historia de Jacob ilustra como conciliar la relación de la vida aquí en la tierra y la vida del otro lado, en la eternidad. Él entendió que vivir en esta tierra solo era momentáneo, él se miraba a sí mismo como un peregrino. Sin embargo, este breve caminar en la tierra podía ser de obediencia, fe, amor y servicio a los propósitos divinos. Él deseó la bendición en la temporalidad, a propósito, la obtuvo. Fue próspero, patriarca y fundador de la naciente y poderosa nación de Israel, no obstante, no perdió la perspectiva que estaba de paso en la tierra, en camino a la eternidad en la presencia de su Creador y Dios. *(Génesis 47:9)*

## Decisiones para romper la máscara de la indiferencia y temor a la eternidad

- Recibe a Cristo en tu corazón, si nunca lo has hecho (aunque en el día 7 tuviste la oportunidad). Quizá, este es el mejor momento para que digas con toda sinceridad: "Cristo, reconozco que he pecado, estoy lejos de ti y merezco el castigo eterno, sin embargo, con sinceridad te pido que perdones todas mis maldades, creo que tú eres el único camino a Dios, que tú eres Dios y moriste cruelmente en mi lugar. Por favor, acéptame como uno de tus hijos. Gracias por perdonarme, en el nombre de Jesús. Amén."

- Descansa en las promesas bíblicas sobre la salvación eterna.

- Lee, memoriza y repite constantemente los versículos de este día y otros más que tú encuentres en la Biblia.

Alégrate de que Dios, no solo te ha librado de la condenación eterna, sino además, te ha prometido el cielo *(Juan 14:1-3)*, una vida que no tendrá fin al lado de Él, podrás tener la capacidad de adorarlo *(apocalipsis 19:1)* por siempre y de experimentar gozo y paz permanentes. *(Apocalipsis 21:4)* Esta revelación debe producir algo en ti. En mi libro "Líderes que cambian "suertes", respondo las 5 preguntas más frecuentes sobre el cielo y el infierno, y digo: "cuando te entusiasmas con la revelación del cielo y sus bendiciones, te sientes persuadido a que las personas, principalmente tus conocidos y apreciados se conecten con Dios por la eternidad."

Es posible, que pienses como Steve Jobs, inventor de la tecnología de la empresa Apple. En su proceso de lucha contra el cáncer dijo: "Ni siquiera la gente que quiere ir al cielo quiere morir para llegar ahí." Sin embargo, si estás en el lecho de muerte, debes confiar que al morir descubrirás que la experiencia más extraordinaria será estar, en fracción de segundos, para siempre con Dios.

## Identidad en acción

Puesto que eres libre, hoy:

1. Haz esta oración: "¡Mi Padre eterno, no tengo palabras para agradecerte todo lo que has hecho y me has dado. Gracias porque sin merecerlo me libraste del fuego eterno. Siento mucho amor y gratitud por ti, dame la oportunidad de vivir en santidad y servirte con los talentos que me has dado. Me siento honrado de ser un redimido. Gracias Jesús. Amén!"

2. Por amor a Dios y gratitud de que no irás a condenación eterna sirve y se generoso con el pobre e involúcrate en tu iglesia.

3. Por amor a Dios y gratitud de que no irás a condenación eterna, decide luchar contra el pecado, viviendo en integridad.

4. No permitas que nadie te robe la paz, sembrando duda en tu mente con pensamientos contrarios a las promesas bíblicas.

# Hablando con Dios para concluir

Mi amado Dios, Padre y Amigo, quiero agradecerte por tanto amor que me has demostrado. Gracias por crearme, haciéndome portador de tu imagen y semejanza, valoro el género que me diste. Me hiciste tu obra maestra, poniéndome por encima de la naturaleza y los animales. Aunque mi naturaleza humana se inclina al mal, tú proveíste a tu Hijo Jesucristo para morir por mis pecados. Gracias Espíritu Santo por convencerme y llevarme al arrepentimiento de mis maldades. Gracias porque desde que te recibí en mi corazón, me diste la identidad de ser tu hijo, me hiciste tu príncipe amado y me diste la oportunidad de disfrutar tu amistad. Te agradezco porque me guías a caminar en la verdad, integridad y humildad. Muchas gracias por ayudarme a vencer la adversidad.

Te agradezco por confiar en mí, haciéndome un líder. Gracias por darme visión y talentos para servir a mi generación y buscar su bienestar, asistiéndolos en sus necesidades. Con tu ayuda me comprometo a bendecir a mi familia, iglesia y nación. En tu unción y el poder de tu Espíritu Santo cumpliré el propósito para el que me creaste. Es maravilloso que me hayas hecho tu colaborador y socio. Estoy agradecido por tanta misericordia y favor inmerecido.

Me has amado con amor eterno, puesto que no te bastó salvarme del infierno, sino además me libraste de la esclavitud del pecado y me ayudas constantemente a vencer la religiosidad, la autocompasión, el resentimiento y la culpabilidad del pasado. En ti he aprendido a tener contentamiento en cualquier situación. Gracias porque tener tu identidad me hace disfrutar la libertad. Tomo tu autoridad, la que me corresponde como tu hijo para ordenar en tu nombre Jesús, que la obra y los espíritus del diablo sean atados, destruidos y echados fuera de mi vida, familia, iglesia y nación. Gracias porque por tu bondad soy lo que soy,  te amo porque tu me amaste primero. Quiero vivir para ti, en Jesús. Amén.

# CITAS BIBLIOGRÁFICAS

## DÍA 3

1   (Plutarco, Obras morales y de costumbres Volumen IV: Del amor, en "Flaviano y Autóbolo, hijos de Plutarco, 17")

## DÍA 10

1.  http://thomassankara.net/spip.php?article489&lang=es

## DÍA 11

1.  http://www.rpp.com.pe/2012-10-31-presidente-de-barcelona-destaco-que-lionel-messi-es-ejemplo-de-humildad-noticia_536031.html

## DÍA 14

1.  Zig Ziglar. Mas allá de la Cumbre. P. 100-103

## DÍA 16

1   El Estilo Wal Mart, Don Soderquist, p, 3

## DÍA 18

1   Berlin de Guillén, "La Receta de Mujeres Exitosas". P.105

## DÍA 21

1   http://www.s21.com.gt/vida/2013/01/15/descubren-gen-relacionado-liderazgo

# Materiales

### de

## Apoyo

### al

# Ministerio

Libros de crecimiento personal y soporte a su ministerio
7 Secretos de Mujeres que Inspiran a Grandes Hombres y
La Receta de Mujeres Exitosas
Licda.Berlín de Guillén

Libro de crecimiento personal y soporte a su ministerio
Líderes que Cambian "Suertes"
Lic.Edmundo Guillén

El Libro Rompe Las Máscaras
puede ser solicitado a través de los teléfonos
(502) 4770-7544 - (502) 2320-7676
también en Editorial DIV,
5ta calle "A" 31-64 zona 4 de Mixco.
Bosques de San Nicolás.
Ciudad de Guatemala, C.A.
www.cumbrediv.org
o escribiendo a nuestro correo electrónico
editorialdiv@lluviasdegracia.org

Amazon ISBN: 978-1489529428

Disponible para Kindle

# Notas

Made in the
USA
Columbia, SC